Tage des Gerichts

Der Bericht des Ber Ulmo aus Pfersee

„Niemand kennt seine Zeit. Wie Fischen in einem tückischen Netz und Vögeln in einer Falle, so ergeht es auch dem Menschen, wenn über ihn plötzlich das Unheil kommt.“

(Prediger 9.12)

* * *

Dank

Mein Dank als Übersetzer des Berichts und Verfasser der weiteren Texte dieses Buches gilt meinen guten Freunden Chana Tausendfels, Margit Hummel, Rolf Hofmann, Joshua Meyer und R. Yakov Etan und dem JHVA für ihre unmittelbare und entschiedene Unterstützung, ihren Rat und ihre Hilfen bei endlos erscheinenden Recherchen zu vielen Details, Namen, Orten und kniffligen Fachfragen, Korrekturlesungen und dergleichen mehr.

Ganz im Sinne von Rabbi Ber Ulmo bitte ich Gott *ihnen alles tausendfach zu vergelten.*

Zuletzt gilt mein Dank jedoch selbstverständlich auch *Rabbi Ber bar Jona Ulmo* seligen Andenkens selbst, der mir durch sein Beispiel in einer schwierigen Zeit ein Licht wie auch ein starker Felsen war.

Yehuda Shenef, Pfersee, 11. Kislev 5772 (7. Dezember 2011)

Zum Inhalt des Buches

Unter erfundenen Anschuldigungen in Haft zu geraten, weder Gehör zu finden noch eine Gelegenheit, sich zu verteidigen, ist ein Alptraum, der auch heute seine Schrecken nicht verloren hat. Ber Ulmo erzählt eine solche Geschichte, die beileibe nicht nur seine eigene ist, aus erster Hand und aus einer Zeit vor mehr als zweihundert Jahren. Sein authentischer und in vielen Details erstaunlich akkurater Bericht ist ein Zeugnis seines Gottvertrauens und seiner Bescheidenheit. Er gibt Einblick in ein dramatisches Zeitgeschehen und legt Motive einer Welt offen, die sich damals im Umbruch befand.

Rabbi Ber ben Jona Ulmo (1751-1837), bürgerlich bekannt als *Bernhard Ullmann* entstammt der alten, äußerst angesehenen jüdischen Gelehrtenfamilie der Ulmo-Günzburg, deren Wurzeln über die beiden Toponyme hinaus auf das mittelalterliche Augsburg und weit darüber hinaus zurückreichen und Pfersee über lange Generationen hin prägte und berühmt machte. Ber Ulmo selbst lernte ab 1770 als Schüler des Prager Oberrabbiners *Jecheskiel ben Jehuda Landau* (1713-1793), mit dem ihm eine gemeinsame väterliche Abstammung vom mittelalterlichen Gelehrten *Raschi* verband. Er studierte an Landaus Prager Talmudschule und wurde unter anderem als Beschneider ausgebildet. Ber Ulmo studierte zudem bei *Jonas Teiteles* (1735-1806) Medizin, und heiratete dessen Tochter *Feigele.* 1780 kehrte er nach Pfersee zurück, wo er nun bald seinem Vater Jona im Amt des Vorsitzenden der heiligen jüdischen Gemeinde von Pfersee folgte. Dieses sollte er, zusätzlich als Beschneider und Arzt wirkend bis zu seinem Tod im Jahre 1837, also beachtliche 56 Jahre innehaben. Zudem war er als Bankier tätig und deshalb aus geschäftlichen Gründen regelmäßig in Augsburg. Nach der überstandenen Affäre die Gegenstand seines Berichtes und dieses Buches ist, ermutigte ihn seine Frau da ihre Ehe kinderlos blieb, zur Scheidung und zu einer weiteren Ehe mit einer jüngeren Frau, die ihm Kinder gebären konnte. Aus seiner 1811 geschlossenen zweiten Ehe mit Sofie (gest. 1832), der Tochter des Sulzbacher Rabbiners Moses Löb gingen sechs Kinder hervor.

Sein amerikanischer Enkel und englischer Übersetzer seiner Schrift, selbst Angehöriger des sog. Reformjudentums, bemerkt wohl ganz treffend, dass „*die Generation meines Großvater Ber Bernhard Ullmann, die letzte in meiner Familie war, die mit vollem Herzen und ganzer Seele auf der Grundlage bedingungslosen Glaubens auf dem Boden der jüdischen Lehren, den Büchern Moses und den daher rührenden Lehren und Regeln der Rabbiner stand und deren tägliches Leben davon bestimmt war.*"

Schon in Prag war Ber Ulmo in Berührung gekommen mit den sogenannten *josefinischen Reformen* des österreichischen Kaisers, welche in Bezug auf das Judentum darauf abzielten, selbiges nach Kräften dem christlich-humanistischen Idealen anzugleichen. Ber Ulmos Lehrer Rabbi Landau stand diesem Ansinnen bereits im Ansatz kritisch und ablehnend gegenüber und vertrat den Standpunkt, dass eine zunächst versprochene Verbesserung des Rechtsstatus der Juden nicht für den Preis der Selbstaufgabe und unter dem Verzicht auf die eigene Identität und Tradition erkauft werden dürfe. Trotzdem prägten die Vorstellungen des österreichischen Kaisers, die sich durch Napoleon Bonaparte aufgegriffen in ganz Europa verbreiteten und in der Folgezeit die Entwicklung des europäischen Judentums nachhaltig prägte.

Vor diesem historischen Hintergrund ist auch die Geschichte zu sehen, die Rabbi Ulmo in seinem Bericht über erschütternde Ereignisse im Herbst des Jahres 1803, die er als Opfer und Augenzeuge unmittelbar erleben musste und beurteilen konnte. Er beschreibt darin die Umstände, unter welchen er neben eine Reihe anderer Vorstände und Mitglieder der jüdischen Gemeinden in Pfersee, Kriegshaber und Steppach bei Augsburg am Freitagabend während des Schabbat-Gottesdienstes vor dem jüdischen Versöhnungsfest in der Synagoge ohne Anzeichen, Vorwarnung und

Schuld überfallen, festgehalten, durchsucht, verhaftet und schließlich mit vielen anderen Leidensgenossen monatelang wegen frei erfundener Anschuldigungen im berüchtigten Günzburger Eisenhaus in Kerkerhaft genommen wurde. Anfangs völlig ahnungslos, aber bald eingeschüchtert von der massiv und brutal auftretenden Staatsmacht, rekapitulieren die Verhafteten, die unter bitteren Umständen und Tränen von ihren Frauen und Kindern getrennt wurden und unter Todesdrohungen nicht miteinander reden dürfen, weswegen sie nun überhaupt festgesetzt wurden, was man ihnen zur Last legt. Mancher der Verhafteten wartet Tage oder gar mehrere Wochen und Monate in Einzelhaft, ehe er überhaupt eine Anhörung bekommt und so ergibt sich ein halbwegs verständlicher Ablauf, aus dem klar wird, dass neben ihnen noch zahlreiche andere Juden aus anderen Orten wie Illereichen oder Ichenhausen gleichfalls der offensichtlich konzertierten Kommando-Aktion betroffen waren. Es stellt sich so heraus, dass alle Verhafteten beschuldigt werden, Banknoten gefälscht oder sie in Umlauf gebracht zu haben. Zur Ermittlungen wurden neben den Synagogen deshalb die Wohnungen oder Häuser der Verdächtigten buchstäblich von oben bis unten durchsucht, Dachböden aufgebrochen, nach geheimen Verstecken und illegalen Druckerpressen durchstöbert, Zeugen gesucht und dergleichen mehr. Schlimmer noch als all dies war aber womöglich noch der Umstand, dass die Verhaftungen unmittelbar auf einen jungen Juden aus Steppach zurückgingen, mit vielen der Verhafteten zumindest weitläufig verwandt war, sich aber wegen zahlreicher Kränkungen durch den einen oder anderen und selbst längst auf die schiefe Bahn geraten, nun an ihnen rächen wollte und konnte. Letzteres vor allem auch deshalb weil er, gleichsam als „Insider“, mit seinen auch nur gegen (andere) Juden erhobenen Anschuldigungen bei den Ermittlern offene Türen einrannte und nicht nur zu bereitwillig Glauben fand, sondern auch beträchtliche Belohnungen nebst dem Versprechen einer gehobenen eigenen Anstellung als Beamter. Verständlicherweise genießt der bislang verachtete Kleinkriminelle, den die Vorstände seiner jüdischen Heimatgemeinden des Öfteren schon bei der Polizei meldeten, den zeitweiligen Aufstieg, der ihm erlaubt fein gekleidet „wie ein Franzose“ und mit Säbel inmitten der verängstigten Beschuldigten herumzustolzieren und ihnen nur zu genüsslich zu verdeutlichen, dass es ganz und gar in seiner Macht stünde, frei darüber zu entschieden, wer verhaftet würde und wer nicht. Das sind sodann keine leeren Worte und so gerät mancher, der sich von seinen Bestechungsversuchen nicht verleiten lässt, und das tut letztlich kein Einziger, schnell in Haft unter denselben Bedingungen wie die zuvor schon unschuldig Festgesetzten. Schließlich nachdem auf Druck höchster Stellen andere Kommissare das, sich bis dahin scheinbar endlos hinaus ziehende Verfahren an sich ziehen, bricht die ganze Serie erlogener Anschuldigungen in sich zusammen. Der Denunziant wird selbst zum Gefangenen und zum Gegenstand ständiger Verhöre, bei denen er jedoch einen eigenartigen, unsteten, fast schizophrenen Charakter aufweist. Er gesteht und widerruft, gesteht erneut, bis er sich letztlich wohl darüber Gewahr wird, seinerseits nur ein Spielball der Interessen anderer gewesen zu sein. Diese bleiben freilich eher abstrakt, denn Ber Ulmo wie wohl auch alle anderen Inhaftierten sind offensichtlich heilfroh, dass ihre Gebete erhört wurden, und sie Ende April 1804 von allen (nie formell erhobenen) Anklagen freigesprochen, nach 216 Tagen gänzlich unschuldiger Haft freikommen.

Der Bericht des Ber Ulmo, liest sich an manchen Stellen wie eine Vorwegnahme bestimmter Werke von Franz Kafka:

„Am Nachmittag des Tages war Henle Löb im Gasthof von Binswangen und dort traf der Magistrat von Welden mit seinem Vogt und einigen Soldaten ein. Henle Löb war mit ihm bekannt, begrüßte sich mit ihm und sie redeten miteinander. Der Magistrat sagte: „Ich muss zum Schloss, um den Amtsträger dort zu treffen, frage mich aber, ob er überhaupt dort ist. Ich bin mir nicht mal sicher, wie ich dort hin komme, da ich schon lange Zeit nicht mehr hier war. Würde es Ihnen etwas ausmachen, wenn Sie mir den Weg zeigen könnten, lieber Henle Löb?“ Letzterer sah kein Problem dabei und so gingen sie miteinander zum Schloss, wo der Richter amtierte. Der Magistrat betrat den Raum, während Henle Löb draußen wartete. Als die Zeit verging

und es Abend wurde, öffnete er die Tür und sagte, dass er wieder nach Hause gehen müsse, aber sie baten ihn, noch etwas zu warten. Schließlich riefen sie ihn hinein und teilten ihm mit, dass er unter Arrest stünde. Der örtliche Amtmann wurde geholt und Henle Löb von ihm ins Gefängnis gebracht, ohne darüber aufgeklärt zu werden, welchen Vergehens oder Verbrechens er nun beschuldigt wurde. Magistrat von Welden als kaiserlicher Beamter und deputierter Kommissar in dieser Angelegenheit wollte Henle Löb nach Günzburg bringen und alles wurde dafür vorbereitet doch der Richter von Binswangen als Beamter der bayerischen Pfalz widersprach und setzte sich nach langen Debatten durch, so dass der Magistrat nicht nur davon abließ, sondern der Richter von Binswangen die Verantwortung für das weitere Verfahren übernahm. Als Henle Löbs Familie beunruhigt über das lange Wegbleiben ihres Ehemanns und Vaters beunruhigt wurde, sandten sie zum Schloss. Von der Verhaftung zu erfahren, bestürzte nicht nur seine unmittelbaren Verwandten, sondern entsetzte alle Einwohner Binswangen's, die mit ihm fühlten. Der Richter und sein Amtmann fuhren zum Haus des Henle Löb, um eine genaue Untersuchung vorzunehmen und beschlagnahmten alle Rechnungsbücher, Briefe und anderen Dokumente und versahen sie mit dem Amtssiegel und nahmen sie mit zum Schloss. Henle Löb blieb volle fünfzehn Wochen im Gefängnis von Binswangen, ohne jemals etwas gesagt oder eine Anhörung zu bekommen.“

Viele der Eingesperrten kennen über lange Zeit hinweg noch nicht mal den Grund ihrer Verhaftung und bemühen sich vergeblich darum es herauszufinden, auch gibt es kein für sie greifbares Gericht, und ein ordentliches Verfahren gegen sie wird nie eröffnet. Wie im „Prozess“ erleben die Gefangenen, dass ihr Prozess nicht zustande kommt, sondern immer weiter verschleppt wird. Im letzten Kapitel von Kafkas „Prozess“ sagt der Geistliche zu Josef K., dass man seine Schuld jedoch vorläufig für erwiesen hält: „*Das Urteil kommt nicht mit einem Mal, das Verfahren geht allmählich ins Urteil über.*“ Die Gefangenen in Günzburg begegnen indessen Kommissaren, die ihnen fast mit Tränen in den Augen beteuern an ihre Unschuld zu glauben, aber weiter nichts für sie tun zu können, obwohl das gewiss möglich gewesen wäre.

Während es sich bei Kafka jedoch um eine fiktive, zudem auf einen Protagonisten verdichtete Konstruktion handelt, verfasst Ber Ulmo über hundert Jahre zuvor allerdings keinen Roman, sondern einen Bericht über ein von vielen erlebtes reales Geschehen, dass nicht nur ihn selbst, sondern einige andere Juden im ausgehenden schwäbischen Österreich betrifft. Wie die Situation ist deshalb auch der Denunziant real, und nur zu gut vertraut, die Vorgänge dadurch nicht weniger rätselhaft. Da die Motive der „kafkaesken" Erzählungen oft und gerne von meist nicht näher genannten chassidischen Legenden über himmlische und sonstige Strafgerichte abgeleitet werden, ist es durchaus erwägenswert, ob er nicht vielleicht auch Kenntnis von dem Text von Ber Ulmo hatte, da dessen mütterliche Familie Löwy mit den vorderösterreichischen Ulmo verzweigt verwandt war. Das ist zugegeben eine Spekulation, denn wie man ganz zu Recht vermuten, wenn nicht gar voraussetzen kann, dürfte die Willkür in den Prozeduren von Verhaftungen und Rechtsverfahren der Kommissare und Richter die Ber Ulmo beschreibt, durchaus gängige Praxis gewesen sein. Da die meisten so behandelten Personen wahrscheinlich keine prominenten Fürsprecher hatten, wissen wir wenig darüber, jedoch gibt es *auch heute* weit mehr Fälle von unschuldig Angeklagten, als wir wahrhaben wollen und unserem Rechtssystem zutrauen. Sie haben zwar das Recht auf einen „fairen" Prozess, was aber nur ein schwacher Trost ist, wenn sie unschuldig zu langen Haftstrafen verurteilt werden und auf alle „Vergünstigungen" verzichten müssen, weil sie sich niemals schuldig bekennen. Im Fall des Falles genügen falsche Zeugen, voreingenommene Ermittler und Richter, weshalb schon der Talmud dem biblischen Verbot folgend, Verleumdung qualitativ mit Mord gleichsetzt, da auch auf diese Weise eine menschliche Existenz vernichtet werden kann. Schon deshalb sind die Begebenheiten von denen uns Rabbi Ulmo berichtet eine Botschaft von bleibender Aktualität und eine Mahnung zu stetiger Wachsamkeit und Sorgfalt im Umgang mit unseren Mitmenschen.

Ber Ulmos Bericht ist gewiss in mancherlei Hinsicht einzigartig, jedoch bewegt er sich andererseits nicht im geschichtslosen Raum. Ganz im Gegenteil beleuchtet die Schilderung des jahrzehntelangen Vorsitzenden der jüdischen Gemeinde zu Pfersee ganz nebenbei eine Reihe anderer Begebenheiten des damaligen Zeitgeschehens, wovon wenigstens zwei von ganz besonderem Interesse für das Verständnis der neuen jüdischen Geschichte in der Region sind. Zum einem ist dies die fast vergessene Tatsache, dass der Vorwurf der Geldfälschung, ein damals wie heute gängiges Delikt, keineswegs gänzlich aus der Luft gegriffen war und dass leider auch Juden in den Machenschaften verwickelt waren. Andererseits sind dies Anspielungen auf eine *histoire parallèle* die sich zeitgleich abspielte: das offizielle, seitens der damals (schon nicht mehr ganz) Freien Reichsstadt Augsburg genehmigte dauerhafte Wohnrecht für (einige wenige) Juden innerhalb der Stadtgrenzen. Beide Bereiche sind, wenngleich nur angedeutet, grundlegende Voraussetzungen zum Verständnis und zur historischen Einordnung unseres Textes und werden deshalb im Anhang anhand zeitgenössischer Materialien eingehend behandelt. Und da gab es auch noch die Geschichte mit dem berühmten Pferseer Talmud, der plötzlich verschwand …

* * *

Vorbemerkung zur Geschichte des Texts, seiner Überlieferung und Übersetzung

Der Text von Ber Ulmo wurde von ihm selbst noch in der Haft begonnen und im Frühjahr 1804 in hebräischer Sprache verfasst. Von diesem handschriftlichen Original, das sich, wie unten zitiert, 1928 in München befunden haben soll, wurden im Laufe der Zeit (entweder vom Autor selbst oder von jemand anderem) weitere handschriftliche Abschriften gefertigt, wovon sich ein erhaltenes Exemplar aus Prag heute in Jerusalem im Privatbesitz befindet. Auf dieser Abschrift basiert die hier vorliegende deutsche Übersetzung des Textes, der allem Anschein nach nie in hebräischer Sprache gedruckt wurde.

Als 1861 die Israelitische Kultusgemeinde in Augsburg unter ihrem Vorsitzenden *Carl von Obermayer* formell gegründet und vom Bayrischen König *Maximilian II.* anerkannt wurde, fertigte Ber Ulmos erstgeborener Sohn *Jonas Ulmann*, wahrscheinlich im Bezug darauf, eine deutsche Übersetzung. Gemäß dem Textilfabrikanten *Carl J. Ullmann*, Sohn des zweitgeborenen Sohn Moses (Moritz) entstand die Übersetzung seines Onkels *„perhaps some time about 1860*". Carl J. Ulmann nahm an, dass es zwei oder drei Exemplare (wahrscheinlich Drucke) davon gab. Da ihm, wie er einräumte, die erforderlichen hebräischen Sprachkenntnisse fehlten, nahm er 1928 ein ihm vorliegendes deutsches Exemplar zur Grundlage seiner englischen Übersetzung, um *„das Dokument künftigen Generationen zugänglich zu machen, die in der großen Amerikanischen Republik leben, denen das Lesen des deutschen Texts aber bereits so schwer fällt wie das des hebräischen Originals. Durch den Druck einer guten Anzahl von Exemplaren, sollten zumindest einige in späteren Jahrhunderten erhalten bleiben, falls Feuer oder Achtlosigkeit oder sonstige Launen, denen Aufzeichnungen unterworfen sein können sich für das Original oder die sehr wenigen deutschen Kopien verhängnisvoll erweisen sollten.*"

Carl J. Ullmann ließ seine englische Übersetzung als Privatdruck unter dem Titel *„Chronicle of Ber Bernhard Ullmann, 1803*“ in einer kleinen Auflage von hundert Exemplaren zu 70 Seiten drucken, die 1928 unter der Nummer 12640 in den „Catalogue of Copyright“ der Kongressbibliothek aufgenommen wurde. Einige wenige in verschiedenen Bibliotheken gelistete Exemplare davon sind bekannt. In den letzten Jahren wurden einzelne handschriftlich nummerierte Exemplare in Antiquariaten online für 300 Dollar oder mehr zum Verkauf angeboten. Alfred Stern erwähnt die Neuerscheinung kurz in seiner „Bücherschau“ in der *„Zeitschrift für die Geschichte der Juden in Deutschland*“ (Band 1, 1929, S.73):

„Als Privatdruck ist erschienen und der Redaktion soeben zugegangen „Chronicle of Ber Bernhard Ullmann 1803, translation by Carl J. Ulmann, New York 1928“. *Das Büchlein enthält die Geschichte der Verhaftung vieler angesehener Juden aus ganz Schwaben infolge des Verdachts der Falschmünzerei. Die Denunziation erfolgte durch den Renegaten Loeb Ullmann von Steppach. Die Haft dauerte von September 1803 bis Ostern 1804. Das Original in jüdisch-deutscher Fassung, befindet sich in Münchner Privatbesitz. Eine Besprechung des Büchleins bleibt vorbehalten.*“

Alfred Stern, der seine angeregte Besprechung des Buches schuldig blieb, spricht nicht von einer deutschen, sondern von einer „jüdisch-deutschen“ Fassung. In der 2001 veröffentlichten Biographie *„The Life and Photography of Doris Ulmann*“ von Philip Walker Jacobs über die bedeutende Pionierin der ethnographischen Photographie in den Vereinigten Staaten, ist auch ihr Onkel und jüngerer Bruder ihres Vaters Bernhard, Carl *Joseph* Ulmann erwähnt, der auch eine stattliche Sammlung antiquarischer Bücher besaß. Dort heißt es: *„Writing in the introduction to his English translation of* Chronicle of Ber Bernhard Ulmann, *the 1803 Deutsche Yiddish text compiled by their Orthodox Jewish grandfather noted the contrast between this grandfather and his grandchildren*“.

Carl J. Ullmann nun sagt in seinem auf den 15. August 1928 datierten Vorwort, dass bereits seine Eltern einer *anderen* Religion angehörten („*my parents had a different religion*") als sein Großvater, nämlich dem Reformjudentum („*reformed Judaism*") und er spart nicht mit Erklärungen, die seine Distanz zur alten Tradition zum Ausdruck bringen, schließt aber mit den Worten, dass *„obwohl es sich nur um einen nebensächlichen Vorfall* („*minor scene*") *handelt, dessen glücklicher Ausgang den ernsten und tragischen Aspekten im Drama der jüdischen Geschichte ermangelt, ist meiner Ansicht nach, dieser Bericht, erhaltenswert auf Grund der Treue und Zuneigung, die die Erinnerung an einen bewundernswerten Vorfahren verdient, auch als eine Familiengeschichte welche die Namen jeder betroffenen Person ganz getreulich angibt und schließlich als historisches Dokument, bezüglich einiger Aspekte jüdischen Lebens in Süddeutschland zu Beginn des 19. Jahrhunderts und im Napoleonischen Zeitalter..."*

Seiner Würdigung ist nicht zu widersprechen, jedoch ergibt sich die „mangelnde Dramatik" wohl nur aus der Unkenntnis der historischen und lokalen Zusammenhänge, die dem in New York lebenden Enkel weitgehend unbekannt und damit auch unverständlich waren. Die Ereignisse, die seinen Großvater und mit ihm zahlreiche andere Juden sehr einschneidend betrafen, erscheinen wegen des „Happy Ends" so auch nur dann als „Kleinigkeit" oder Fußnoten, wenn ihr Kontext vernachlässigt wird oder werden musste. Leider hatte Carl J. Ulmann kaum Gelegenheit, Reaktionen auf seinen Privatdruck zu erhalten, was unter Umständen eine Auseinandersetzung über das Werk und seinen Inhalt ermöglicht hätte. Er starb nur wenige Wochen nach dem Druck seiner Übersetzung am 31. Tevet 5689 (3. Januar 1929) im Alter von 62 Jahren. Carl J. Ulmann hinterließ seiner Frau Jenny (geb. Bernheim) und den beiden Kindern Gene und Doris, wie die New York Times am 9. Januar schätzte, ein Vermögen im geschätzten Wert einer halben Million Dollar. Seine umfangreiche Büchersammlung wurde im April 1952 von seiner

Familie an die *Parke-Bernet Galleries* in New York verkauft, wozu ein eigener Katalog veröffentlicht wurde.

Neben Carl J. Ulmanns Vorbemerkungen wurde zur Übersetzung ins Deutsche nach der hebräischen Abschrift, wiederum auch seine englische Übersetzung zu Rate gezogen. Beide Fassungen stimmen in Folge und Wortlaut weitgehend überein. Abweichungen ergeben sich vor allem in der Wortwahl und Betonung. So gibt Carl J. Ulmann das in der Handschrift durchgehend verwendete בוגד ausnahmslos als „renegade" wieder, was eine andere Konnotation als der hebräische Begriff hat. Wo das eine einen *Abtrünnigen* oder *Überläufer* bezeichnet, spricht Ber Ulmo hingegen von einem Verleumder. Der Denunziant ist demnach kein „Verräter", der die Seite wechselt, abtrünnig wird, sich Feinden anschließt und ihnen das eine oder andere (existierende) Geheimnis verrät, sondern ein bloßer *Betrüger*, der frei erfundene Lügen in Umlauf bringt und Rufmord begeht. Eine noch gravierendere Problematik betrifft jedoch die mitunter schwierige Transkription zahlreicher Eigennamen, die, anders als Carl J. Ulmann vermutete, leider *keineswegs* immer getreulich überliefert wurden. Dies bezüglich ist der bekannte englische Text in vielen Fällen leider weitgehend unbrauchbar. Man kann getrost davon ausgehen, dass schon dem Sohn des Autors, der die erste deutsche Übersetzung verfasste, sich ganz offensichtlich über wesentliche Personennamen und örtliche Begebenheiten im Unklaren war.

Ein gutes Beispiel ist der im hebräischen Handtext mal als מאגנווע, ein anderes Mal als מאגנעבע oder מגנוען geschriebene Name einer der zentralen Protagonisten in der englischen Zweitübersetzung (und damit so wohl auch bereits in der ihr zugrundeliegenden deutschen) durchweg als „Magnewe" wiederfindet. Zwar gibt sie das hebräische ברון korrekt als „Baron" wieder, doch ist ein „Baron Magnewe" völlig unbekannt und nirgends zu ermitteln und selbst eine Stichwortsuche bei Google ergibt keine verwertbaren Treffer. Entsprechend bedurfte es einiger Überlegungen über das Zustandekommen der vorhandenen Schreibweisen und Lesarten. Die wesentliche und schließlich richtige setzte voraus, dass wohl schon Ber Ulmo den oft zitierten Namen wahrscheinlich nur dem Gehör nach, nicht aber in schriftlicher Form kannte. Der weiterführende Gedanke war sodann sprachliche Einflüsse durch schwäbische, bayerische, österreichische, jüdische und hebräische Aussprachen zu erwägen und alle denkbaren Variationen zu überprüfen, was letztlich zur Ermittlung von *Freiherr von Macneven* führte, der einer irisch-böhmischen Adelsfamilie entstammte und vollständig eigentlich *Freiherr von Mac Neven O'Kelly ab Ambrigh* hieß. Darauf muss man nun erst einmal kommen, wenn im hebräischen Text selbst, wie auch in der englischen Übersetzung stets nur von einem *Kommissar Baron von Magnewe aus Donauwörth* die Rede ist. Für Schwierigkeiten dieser Art ist dies wohl das prominenteste, aber keineswegs das einzige Beispiel. Der nur einmal erwähnte Name des christlichen Bürgers גרעפשוסטר aus Kriegshaber wird in der englischen Übersetzung als „Grefschuster" wiedergegeben, was ebenfalls kein bekannter Familienname ist, aber ebenso gut Grep- oder Krepp-schuster heißen könnte, eventuell aber, mit einem Komma zu versehen, als „Gref, Schuster" (Gräf, Graf, etc.) gelesen werden sollte. Schuster kann im Deutschen jedoch Berufsbezeichnung als auch ein geläufiger Familienname und der Träger des Namens kann zudem auch mit einem *Spitznamen* belegt worden sein kann. Ber Ulmo kannte ihn wahrscheinlich auch nicht persönlich, da andernfalls der Beruf *hebräisch* notiert worden wäre. Das ist zum einem nicht sicher zu ermitteln, und angesichts des Umstandes, dass er ohnehin nur einmal nebenbei im Text erwähnt wird, wahrscheinlich auch nicht weiter von Belang. Den für Günzburg genannten קוטורם als Kuhturm zu ermitteln hingegen war nicht zu schwierig, da selbiger noch existiert und bekannt genug ist, wohingegen שטעטטורם als *Stetsturm* gelesen und als *Städtsturm* gedeutet, letztlich dann wohl der Günzburger *Stadtturm* (das Untere Tor) sein dürfte.

Neben diesen Schwierigkeiten war es nach und nach möglich, die wesentlichen Beteiligten aus der Beschreibung des Ber Ulmo aufzuspüren und zumindest Rahmendaten zu ihren Biographien zu ermitteln. Naturgemäß war dies nur bei Freiherren und anderen „wichtigen" Personen möglich, insofern sie noch anderweitig in Erscheinung traten, während sich zu einem Polizisten Muck in Kriegshaber oder einem Gefängniswärter Kosel ohne Zugang zu oder Über- und Einblick zu entsprechenden, infrage kommenden Aktenbeständen, so überhaupt (noch) vorhanden, an verschiedenen Orten, nichts weiter sagen lässt. Das ist in jedem Fall tatsächlich sehr bedauerlich, denn jedes zusätzliche Detail kann das Verständnis für Geschehen als solches, wie auch eine Vielzahl oft nur angedeuteter Zusammenhänge nur verbessern.

Den von Carl J. Ulmann gewählten Titel einer *„Chronik des Jahres 1803"* konnte nicht beibehalten werden. Die Verhaftungen fanden Ende September 1803 statt, während die Freilassung in Günzburg erst im April 1804 erfolgte. Den Titel מגילת בער אולמא der hebräischen Handschrift als „die Rolle" (oder auch: „Schriftrolle") des Ber Ulmo wiederzugeben, hat im Deutschen nicht die selbe Aussagekraft und Assoziation wie sie „Megila" im Hebräischen besitzt. Da sich die jüdischen Gemeinden in Pfersee, Steppach und Kriegshaber am Abend der Verhaftungen nun gedanklich auf den bevorstehenden jüdischen *Versöhnungstag* vorbereiteten, erschien es passend, als Titel *„Tage des Gerichts"* zu wählen, da die zehn Tage zwischen dem jüdischen Neujahrsfest und dem Versöhnungstag traditionell als solche angesehen werden.

Auf hebräische Eigennamen von Festen, Gebeten und dergleichen wurde weitgehend verzichtet, insofern allgemein verständliche oder zumindest gebräuchliche Wendungen im Deutschen vorhanden sind. Für die anderen Fälle befindet sich im Anhang ein Glossar. Die jüdischen Datierungen wurden beibehalten aber in Klammern dem christlichen Kalender entsprechend erläutert.

Um die Texte insgesamt besser lesbar und verständlich zu halten, wurde auch auf ansonsten durchaus geschätzte Fußnoten und Anmerkungen verzichtet. In den Nachbetrachtungen sind entsprechende Quellen deshalb *im Text* genannt und darüber hinaus im Anhang ein Register beigefügt.

* * *

Tage des Gerichts – Der Bericht des Ber Ulmo aus Pfersee aus dem Jahre 1804

Diese Schrift wurde begonnen am Sonntag, den 7. Adar 5564 in einer Gefängniszelle in Günzburg

Erzählung über die Verhaftung am Schabbes-Abend vor dem Versöhnungstag, am 8. Tischri 5564 (= 23. September 1803) *in den drei Gemeinden von Pfersee, Kriegshaber und Steppach, während die Mitglieder in ihren Synagogen zum Gottesdienst versammelt waren, ausgeführt von einem Kommando kaiserlicher Soldaten und Schützen aus Burgau unter der Führung des kaiserlichen Hofkommissars Freiherr von Macneven und seinem Sekretär, zusammen mit dem leitenden Beamten von Günzburg, Direktor Freiherr von Osterberg und Bezirksschreiber Schiel. Darüber hinaus alles Geschehen im Zusammenhang und unter Berücksichtigung der wesentlichsten Ursachen und eine Beschreibung der Umstände in Bezug auf die Exekutionen die zur selben Zeit in einigen anderen Gemeinden im Bezirk Schwaben stattfanden.*

Es war in den Tagen Kaiser Franz III. und während seiner Herrschaft, dass in seinem ganzen Reich, seit langer Zeit, Banknoten unterschiedlichster Bezeichnung zirkulierten anstelle von Münzgeld und tauschbar waren ohne Abschlag. Weil nun jedoch während der elf Jahre der französischen Revolution diese Papierwährung in sehr großen Mengen ausgegeben wurde, kam es zu einer starken Minderung von bis zu 75 Prozent. In den Jahren nach dem Frieden von 1801 ergaben Ermittlungen des kaiserlichen Ministers Graf Cobenzl in Paris, dass in mehreren Handelszentren Frankreichs ganze Banden Falschnoten herstellten und diese in Umlauf brachten, so dass mehrere dieser Fälscher und ihrer Genossen verhaftet und in das Gefängnis nach Straßburg gebracht wurden, wo eine Untersuchungskommission tagte. Schließlich „brach die schwelende Glut in Flammen aus“ und nach einer Untersuchung und einiger Spionage in ganz Deutschland, wurden an unterschiedlichen Plätzen Schuldige wie Unschuldige in Haft genommen, worunter sich auch einige unsere Leute befanden, die zur Rechenschaft gezogen werden sollten.

Es gab einen Mann in unserer Nachbarschaft, genau gesagt in Steppach, namens Samuel Ulmo, der einen ungehorsamen Sohn namens Löb (sein Andenken sei in Israel vergessen) hatte. Sein Alter betrug 21 oder 22 Jahre und von früher Jugend an führte er ein lasterhaftes Leben und zog über Jahre hinweg mit üblen Gesellen umher, die hauptsächlich mit Diebstählen, gleich ob tags oder nachts beschäftigt waren. Aus diesem Grund wurde er *von uns*, die wir aus Geschäftsgründen nach Augsburg gingen, mehrere Male der Polizei gemeldet. Einmal wurde er von der Herren Jakob Obermayer, dem Vorsitzenden der Gemeinde von Kriegshaber und von Löw Ulmo aus der Pferseer Gemeinde in Anwesenheit des Bürgermeisters Maischberger und von diesem tatkräftig unterstützt, daran gehindert die Stadt zu betreten. Dies erweckte seinen bitteren Zorn. Im Winter des Jahres 5563 während der Monate Tewet und Schwat (Januar / Februar 1802) wurde er zusammen mit einigen seiner Gaunerkollegen letztlich in Donauwörth verhaftet. Unglückseligerweise für viele die den Platz passierten, war er in einer Zelle untergebracht, welche über freie Sicht zur Straße verfügte, so dass er Passanten belästigen konnte. Jene die ihm viel weniger Geld schickten als er von ihnen erwartete, versuchte er durch erfundene Vorwürfe seinerseits in Schwierigkeiten zu bringen. So sprach er dann den kaiserlichen Kommissar Freiherr von Macneven an, der die Kommission zur Untersuchung von Fälschungen leitete und dort eben beim Postgasthof anhielt. So kam nun über die Herren Mordechai Buttenheimer und Samuel Prager aus Fürth und einige andere die durch Donauwörth kamen, einiges Ungemach, bis zuletzt jeder anständige Mensch versuchte die Stadt zu meiden, so dies überhaupt möglich war.

Der niederträchtige Löb Ulmo trieb seinen Frevel letztlich so weit, um an seine Freunde und Verwandten in Steppach einen Erpresserbrief zu schreiben, an seinen Schwager Herrn Chaim Springer und Springers Schwager, den Vorstand Herrn Isaak Levi und einige andere Einwohnern dort, ihnen alle Rache androhend, wenn sie ihm nicht zur Hilfe eilen, ihm zu wenig oder gar kein Geld schicken sollten. Der Brief richtete sich besonders gegen den genannten Vorstand Isaak Levi, der, als Löb seinen Wärter mit einer Anfrage nach Geld zu ihm schickte, ihm nur einen Gulden mitgab, den er dann angewidert zurücksandte. Dabei hatte Isaak Levi dem Wärter wahrheitsgetreu von seinem Betragen erzählt.

Obwohl diese Bürger unverzüglich ihren örtlichen Behörden und das Oberste Gericht in Günzburg von diesem Brief in Kenntnis setzten, wurde gar nichts unternommen und der Brief zu den Akten gelegt. Hätten sie stattdessen den Übeltäter verurteilt und dem Recht Folge geleistet, wäre nie ein Prozess gegen unsere Leute eröffnet worden. Es wäre auch die Pflicht jener gewesen, die ungestört zu Hause waren, sich der Sache anzunehmen, sie auszufechten und sich ihrer anzunehmen, in Übereinstimmung mit dem Wort „*reisse das Übel aus deiner Mitte*". Das jedoch wurde nicht getan, denn jeder dachte nur an seine *eigenen* Interessen und nahm sich nicht das Beispiel des Weisen zu Herzen, der das Ende bedenkt, so aber muss wohl der Wille Gottes gelautet haben.

„*In der Nacht wich von uns der königliche Frieden des Schabbat*", bezeugt am Schabbat, dem 7. des Monats Tischri, als all unsere Leute in Stadt und Land in ihre Heime zurückkehrten für den Versöhnungstag. Abends zur Zeit des Mincha-Gebets während des Schabbat-Gottesdienstes in der Synagoge wurden wir plötzlich von Angst und Schrecken ergriffen, als ein Kommando kaiserlicher Soldaten in unseren Hof hinter der Synagoge gallopierte und in denselben eindrang. Angeführt wurden sie von dem bereits erwähnten Sekretär, der laut aufrief: „*Wer ist der Vorsitzende dieser Gemeinde*?" Daraufhin trat Ber Ulmo hervor und sagte: „*Hier bin ich.*"

Er erwiderte: „*Sie alle hier sind verhaftet. Keiner spricht mehr ein Wort mit einem anderen. Es gibt eine Ermittlung.*“

Dann hastete er sofort davon, so dass Ber Ulmo nur fragen konnte „*auf wessen Anordnung*“ und zur Antwort erhielt: „*Auf kaiserliche. Ich komme aus Günzburg.*“ Und raus war er aus der Türe und ließ uns alle betrübt und besorgt zurück. Am Ausgang wurden zwei Wachen postiert. Keiner von uns hatte irgendeine Idee worum es eigentlich ging und was folgen könnte. Mit schweren Herzen setzten wir unsere Gebete fort und lasen die Schriften mit noch größerer Inbrunst. Nach dem Gottesdienst mussten wir auf unseren Sitzen bleiben, jung und alt, Männer und Frauen, keinem war es gestattet, zu gehen, nicht einmal zum Austreten, und wir wussten nicht, was wir tun konnten. Nach ein oder zwei Stunden, als die Wachen von anderen, etwas humaner wirkenden, abgelöst wurden, riefen einige aus der Versammlung hoch zur Frauenempore, dass eine von ihnen zum Haus des Kantors gehen und, falls möglich, herausfinden soll, was hier vor sich ginge. Kaum wurde der Vorschlag gemacht, kam eine andere Frau mit der Nachricht, dass vor den Häusern der Herren Ber und Löb Ulmo und Abraham Bing weitere Wachen standen und in den Wohnungen überall Licht war. Auch der Bürgermeister sei dort. Das deutete darauf hin, dass eine genaue Durchsuchung von oben nach unten vorgenommen wurde, doch ließ es uns weiter im Dunkeln darüber, welcher Verfehlung oder Sünde wir denn nun beschuldigt wurden. Lob und Dank sei Gott, wir fühlten uns alle unschuldig und so richteten sich unsere Seelen auf Ihn, der Mitleid mit uns, unseren Frauen und Kindern haben würde. So mussten wir nun bis zehn Uhr abends in der Synagoge bleiben. Schließlich kehrte der Sekretär mit veschiedenen Soldaten zurück (unter ihnen der Wächter aus Donauwörth) und rief: „*Bernhard Ulmo! Löb Ulmo!*“ Als wir hervortraten sagte er uns: „*Sie beide müssen mit mir nach Günzburg, die anderen können nach Hause gehen!*“ Sie verstreuten sich ruhig und wir blieben in banger Sorge zurück. Alle Anfragen und Absichten in Blick auf den Versöhnungstag und die heiligen Feste die Verhaftung zumindest bis in die Zeit danach aufzuschieben blieben unbeachtet. Der Sekretär zusammen mit einigen Soldaten eskortierten mich nach Hause, ebenso den anderen Vorstand der Gemeinde, Löb Ulmo. Nun wurde eine weitere Durchsuchung in den Räumen vorgenommen, die verschlossen waren und auf welche er zunächst ein Siegel geklebt hatte. Gott sei gedankt, dass auch dieser Aufwand vergeblich war und sich in unserem Haushalt nichts fand, was sie brauchen konnten. Dann sagte er, ich solle etwas essen, wenn ich das wollte und hernach sollte ich mich umziehen: „*vom Festag zum Wochentag*", so dass wir bald aufbrechen konnten. Ich handelte entsprechend. Zu Ehren des Schabbats machte ich einen Kidusch und sprach den Segen über das Brot. Meine Frau und die anderen im Haus sahen klagend und mit gebrochenen Herzen zu. Zwischenzeitlich kam auch unser Bürgermeister und ich sagte ihm, dass ich mich frei von jeder Schuld wisse, welcher Art sie nun auch sein möge.

Ich bot ihm an, mein gesamtes Vermögen als Sicherheit zu nehmen, und mich stattdessen nur gegenwärtig zu Hause zu lassen. Es versteht sich, dass der Bürgermeister meiner Bitte nicht entsprechen konnte. Auch der Sekretär erklärte mitfühlend, dass es seine Kompetenzen überschreiten würde, dies zuzulassen, selbst *wenn* er wollte. Nun kam auch Löb Ulmo mit den Soldaten seiner Wache und leider Gottes wurden wir nun gezwungen unser Heim zu verlassen.

Es folgte eine schlaflose Nacht. Sie brachten uns zum Schloss, wo die Soldaten weitere Stunden verweilten, um zu essen und zu trinken. Dann wurden Pferde und Wagen heraus gebracht und wir mussten neben dem Sekretär und dem Wärter aus Donauwörth aufsitzen. Die Soldaten und Schützen liefen zu Fuß nebenher. So ging es dann los.

Angekommen in Kriegshaber - wir hatten keine Ahnung, was dort passiert war - hielten sie beim Haus von Jakob Obermayer und wir sahen, dass in allen Häusern in welchen Juden lebten immer noch die Lichter brannten. Der Sekretär ging zum Bürgermeister und nach einer langen Weile Wartens wurden wir zum Braugasthof gebracht.

Dort klärten uns einige Anwesende, die das üble Geschehen noch beredeten darüber auf, dass die Synagoge hier in gleicher Weise überfallen wurde, angeführt von Bezirkssekretär Schiel als Kommissar zusammen mit einem Fähnrich und einem Kommando des Bender Regiments. Der Ablauf war derselbe. Vor einer Anzahl von Häusern wurden Wachen postiert und im Inneren sorgfältige Durchsuchungen vorgenommen. Damit fertig, kehrten die Kommissare zur Synagoge zurück und riefen folgende Mitglieder der Gemeinde auf: Samson Binswanger, Lipmann Levi und Samuel Seligmanns Sohn aus Steppach, der hier lebte. Sie wurden zum Bürgermeister gebracht, um nach Günzburg befördert zu werden. Wie in Pfersee, so verfuhren sie auch hier. Auch sie wurden zunächst zu ihren Häusern eskortiert, um ihre Festtagskleidung gegen Arbeitskleidung auszutauschen. Bezirksdiener Schiel fragte den Schammes Leser welche Fremden hier verweilten. Dieser musste sofort sein Notizbuch vorzeigen, in welchem die Namen von Besuchern standen und diese Auswärtigen wurden eingehend befragt zu ihren Namen und Berufen. Während dieser Untersuchung kamen die eben erwähnten Herren Seligmann Bachmann, Samson Bachmann und Lipmann Levi mit ihren Soldaten und dem Sekretär, unterdessen wurde Samson Binswanger, der sehr krank und äußerst schwächlich war, nach dringlichen Bitten und wiederholten Erklärungen durch den Vorsitzenden der Gemeinde und anderen, vom Haus des Bürgermeisters in sein eigenes gebracht. Der erwähnte Herr Seligmann aus Steppach, ein Bruder des Verleumders Löb Ulmo und ein Lehrer in Kriegshaber, bei dem ebenfalls nichts gefunden wurde, waren ebenfalls auf Fürbitten des Vorstands Henle Ulmo und der Herren Jakob Obermayer und Veit Kaula freigelassen. Die anderen mussten nun in unseren Wägen aufsitzen. Es war nun bereits Mitternacht und bitter kalt und wir fuhren weiter nach Steppach. Dort beim Wirtshaus, halfen einige Mitglieder aus Kriegshaber die uns zu Fuß gefolgt waren, Löb Ulmo und mir, beim Aussteigen aus dem Wagen. Wir alle wurden in einer Schar zum Wirtshaus gebracht, wo Direktor Freiherr von Osterberg hielt. Er war um uns recht besorgt und ihm war offensichtlich eher zum Weinen als zum Lachen zumute. Wir wurden alle in einen Raum geführt mit einem Kommando von Soldaten und Schützen zur Bewachung. Jeder suchte sich einen Winkel, da es uns immer noch strikt untersagt war, miteinander zu sprechen. Wohl hätte man von uns sagen können „anstelle des Schabbat-Friedens erhob sich eine Klage". Möge doch der Herr, sein Name sei gepriesen, dies in Freude und Glück wandeln und unsere Freiheit schützen.

Nun betrat ein leibhaftiger *Haman* den Raum, Kommissar Macneven, der unvermittelt schrie: „*Wenn einer von denen auch nur ein Wort zum anderen sagt, spießt ihn mit euren Bajonetten auf. Ich übernehm dafür die Verantwortung!*" Damit verschwand er auch schon wieder. Wehe den Ohren, die solche Reden hören müssen! Unsere Herzen waren buchstäblich zerrissen. In Kriegshaber wurde uns bereits klar, dass sich in Steppach ganz sicher ähnliches oder gar Schlimmeres zugetragen haben musste und dass alle Drangsal auf den verlogenen Anschuldigungen über Fälschungen des oben genannten Verleumders basierte. Während jeder von uns in seinem eigenen Herzen wusste, frei von Schuld zu sein, war zu diesem Zeitpunkt aber unser einziger Trost die Erkenntnis: „geteiltes Leid ist halbes Leid".

Doch nun trat der Verleumder Löb ein, nicht als der Häftling von Donauwörth, sondern völlig verändert in seinem Erscheinen, mit langen blauen Hosen und Mantel, blauer Kappe mit goldenem Zierband und mit einem Säbel, wie ein Franzose. Er lief an jedem vorbei und starte uns einzeln an, jedoch ohne ein einziges Wort zu sagen. Wie er kam so ging er wieder, kehrte jedoch mehrmals wieder zurück. Wohl hätten wir sagen können „*Sünder finden keine Ruhe*". Er hatte freilich sogar die Frechheit und Dreistigkeit, sich auf das Bett zu legen, auf welchem wegen seiner Schwäche bereits der dreiundsiebzigjährige Vorstand Löb Ulmo ruhen konnte, um etwas Erholung zu finden. So verblieben wir also die gesamte Nacht, ohne dass sich jemand an einen anderen wandte, ohne Schlaf oder Ruhe.

Die wachhabenden Soldaten aßen und tranken unterdessen. Wie die Nacht begann, so auch der Morgen des Versöhnungstag-Schabbats.

In Steppach war die Fahndung nun noch erschreckender, da hier Freiherr von Osterberg persönlich anwesend war, zusammen mit Kommissar von Macneven und dem Verleumder Löb, nebst einem Kommando Soldaten, Schützen und Gendarmen. Nachdem sie im Rathaus der benachbarten Ortschaft Biburg ihr Hauptquartier eingerichtet und dort ihre Kommandos aufgeteilt hatten, umstellten sie die Synagoge in Steppach mit Soldaten, postierten Wachen, stellten alle im Inneren unter Arrest, verboten ihnen zu sprechen und bedrohten jeden der Anstalten machte aufzustehen mit der sofortigen Erschießung, so wie es auch Bezirksdiener Schiel in Kriegshaber handhabte. Die gesamte Gemeinde von Männern, Frauen und Kindern musste in der Synagoge ermatten, fast bis Mitternacht. Nach und nach gingen alle Lichter aus und es wurde stockdunkel, bis letztlich ein Soldat glücklicherweise eine Kerze anzündete.

Zwischenzeitlich ging der Verleumder Löb mit den Kommissaren in die Häuser jener die er anzeigte, um dort die amtlichen Siegel anzubringen, ohne dass die Festgehaltenen, denen in der Synagoge Angst und Bange war, davon irgendetwas wussten. Die Frauen und Kleinkinder, die zu Hause geblieben waren, wurden in jener Nacht ihrer gewohnten Schlafkammern beraubt. In einigen Häusern wurden nicht nur alle Stuben, außer des Wohnzimmers, sondern auch Kuhställe und Scheunen versiegelt. Damit nun fertig, kehrte die Kommission zur Synagoge zurück und schickte nun einen Soldaten, um den Schatzmeister Isaak Baruch zu holen, zu dem Freiherr von Osterberg dann sagte: „*Sie sind verhaftet im Namen der kaiserlichen Kommission und es ist kein Widerstand zu leisten!*“ Doch der Kommissar von Macneven fügte in seiner derben Weise hinzu: „*Wer nur ein einziges Wort von sich gibt, kriegt sofort ein Bajonett in seinen Leib*“. Daraufhin wurden weitere Personen vorgeführt, und zwar: Rafael ben Uri Etroga, Vorstand Isaak Levi, sein Schwager Chaim Springer, Salomon Landauer, Maier Levi aus Hürben, Schwiegersohn des genannten Schatzmeisters, der auch erst seit knapp zehn Wochen in Steppach wohnte und der Kantor Rabbi Isaak Löw Kohn. Jedem wurde einzeln die oben zitierte Anordnung der Verhaftung vorgetragen. Als der Kantor, der zwei kleine Kinder in seinen Armen hielt, an die Reihe kam, fragte Kommissar von Macneven: „*Was machen Sie mit diesen Kindern und von wem sind sie*?“ Worauf er antwortete: „*Es sind meine eigenen Kinder mit denen Gott mich gesegnet hat*“. Der Verleumder Löb flüsterte dem Kommissar etwas ins Ohr, worauf der zum Kantor sagte: „*Geh heim mit deinen Kindern*“ und eine Wache wurde mit ihnen geschickt. Die anderen Genannten wurden in Paaren zum Gasthof geführt, von vorn und hinten bewacht. Sie wurden in der Kammer neben der unseren einquartiert und gleichfalls von einem Kommando bewaffneter Soldaten und Schützen bewacht.

Allen anderen, die bis dahin in der Synagoge ausharren mussten, wurde nun erlaubt nach Hause zu gehen, nachdem die Kommissare und der genannte Verleumder sie beäugten, wobei jeder, den dieser herauspickte, gleichfalls verhaftet wurde. Dies geschah vor allem um noch unerkannt gebliebene Auswärtige, meist Bittgänger, ausfindig zu machen. So erwischte es auch einen Fremden namens Josel oder Josef Mayer aus Frankenthal und andere, deren Namen ich mich nicht mehr erinnere, die dann in den Gasthof zu den Steppacher Leuten gebracht wurden. Als sie nun in einem Raum waren, trat der Verleumder Löb ein und ging auch dort auf und ab. Vorstand Isaak Levi fragte ihn, was er denn hier tue und was der Grund für sein rohes Benehmen sei. Er antwortete ihm, dass in dieser Nacht im gesamten Bezirk von Schwaben, selbst in dreißig oder vierzig Stunden Entfernung, alle Synagogen gestürmt würden, da man annehme, dass zu den Feiertagen alle zu Hause vorzufinden seien, usw. und die Wohlhabendsten in Hürben, Ichenhausen, Laupheim, usw. wegen dem Vorwurfe Banknoten gefälscht zu haben, verhaftet würden, ihm selbst zweitausend Dukaten und eine feste Anstellung als Polizeibeamter versprochen wurden, wenn er denn die Presse ausfindig machen könnte, mit welcher die Fälschungen gedruckt wurden. Isaak Levi antwortete ihm wahrheitsgemäß, dass er rein gar nichts darüber wüsste, weder von Druckerpressen, noch sonst etwas, doch der andere fuhr mit seinen Lügen fort, trat als Verleumder auf und gab damit an, dass es in seiner Macht stünde, verhaften zu lassen, wen immer er wollte. Alle wandten sich von ihm ab und er ging in die nächste Kammer, wo die Leute aus Kriegshaber und Pfersee festgehalten wurden und wo er sich, wie bereits erwähnt auf das Bett warf. Die ganze Nacht verging ohne Schlaf.

Um zwei Uhr wagten sich die Vorstände Henle Ulmo, Jakob Obermayer, Veitel Kaula, David Hürben und Lemech Hirsch nach Steppach, um Fürsprache für uns einzulegen. Als ihr Eintreffen angekündigt wurde, schrie Freiherr von Macneven sie an: „*Was wollen sie*?“ Sie entgegneten ruhig im Ton der Weisen: „*Wir möchten den Befehlshaber sprechen.*“ Einmal mehr schrie er zurück: „*Ja, kennen Sie denn nur einen Befehlshaber, der um zwei Uhr nachts erreichbar ist?*“ Er benutzte viele weitere harsche Worte, um sie mit Drohungen, sie ebenfalls zu verhaften, etc. einzuschüchtern und ging so weit, ein Protokoll zu entwerfen. Die erforderlichen Unterschriften wurden von anwesenden Nichtjuden geleistet, da sie sich beharrlich weigerten, in dieser Weise den Schabbat zu entweihen. Veitel Kaula jedoch fuhr mit seinen Fürsprachen fort und wies besonders auf den Zustand einiger der Frauen hin, die fortgeschritten in ihrer Schwangerschaft waren, und auf die Rücksicht, derer diese deshalb bedurften, bis der Freiherr abermals schrie: „*Wenn ihr jetzt nicht gleich allesamt verschwindet, werd ich euch sofort verhaften!*“ Worauf sie nun schweren Herzens nach Hause gingen. All ihre Mühen waren umsonst. Wir Gefangenen sahen und hörten nichts mehr von ihnen und dachten uns: wenn wir verloren sind, so sind wir verloren.

Am nächsten Morgen war Schabbat. Nach dem Morgengebet hatten wir zum Frühstück Kaffee im Gasthof und aus Kriegshaber wurde uns Essen gebracht, das für den Schabbat vorbereitet war. Die

Steppacher Gefangenen wurden, von Soldaten eskortiert, wieder in ihre Häuser gebracht. Die Siegel wurden geöffnet und alles ganz aufs Genaueste untersucht, immer in Anwesenheit des genannten Verleumders und seines Kommissars des Freiherrn von Macneven. Sicherlich mussten die Herren ziemlich enttäuscht gewesen sein, nicht im Ansatz etwas von dem gefunden zu haben, wonach sie so aufwendig suchten. Gott sei Lob und Dank dafür, dass jeder einzelne von uns rein und unschuldig von der erlogenen Anschuldigung erwiesen wurde.

Im Hause Isaak Levis und seines Schwagers Chaim wurden alle Rechnungsbücher, Briefe und anderen Dokumente und persönliche Siegel beschlagnahmt und mit denen der Kommission versiegelt und zum Gasthof gebracht, jedoch ohne irgendetwas Wichtigeres darin zu finden als in den Heimen der anderen Gefangenen. Im Haus des Kantors und des Vaters des Verleumdern Samuel, wurde nach den Hinweisen des lügnerischen Denunzianten, die Suche so weit getrieben, dass die Decken und Dachböden aufgebrochen wurden. Er hatte behauptet, dass man dort die versteckten Druckerpressen finden könnte, da sich die Herren Levi und Springer dort ebenfalls öfter aufhielten.

Als dies von statten gegangen war, wurden alle wieder zurück in den Gasthof geführt und wir erfuhren, dass wir nachmittags mit den Kutschen nach Günzburg gebracht werden sollten. Der Plan des Verleumders sah vor, dass wir allesamt in Ketten befördert werden sollten, jedoch – Gottes Gnade kennt kein Ende – widersprach Freiherr von Osterberg einer solchen Behandlung und so kam es nicht dazu. Direktor Macneven fragte den Wirt nach der Rechnung für alles und zahlte diesem fünfzig Gulden in bar und verschwand zusammen mit dem Verleumder und dem Wärter aus Donauwörth dorthin. Als sie nach Kriegshaber kamen besaß der Verleumder sodann sogar die Frechheit bei seinem Bruder abzusteigen um in dessen Haus *Kugel* zu essen. Dabei sagte er seiner Schwägerin: „*Tölzele, deinen Ehemann konnte ich retten*“ und dergleichen mehr.

Inzwischen wurden unsere Wägen beim Gasthof in Steppach angeschirrt. Der Fähnrich befahl den Wachen, uns die Treppen nach unten zu führen. Freiherr von Osterberg und Bezirksschreiber Schiel saßen in ihrer Kutsche. Wir wurden paarweise in die Wägen gebracht, Soldaten, Schützen mit Gewehren und Bajonetten vor und hinter uns. Dann gab es lautes Klagen mit bitteren Tränen von allen die uns sahen, speziell von den Frauen und Kindern, da Kommissar Freiherr von Osterberg ihnen auf diese Weise erlaubt hatte, sich von ihren Gatten und Vätern zu verabschieden. Ihre Klagen waren zum Steinerweichen. Wir selbst jedoch mussten uns denken: "*Gott. Du bist gerecht. Nichts geschieht ohne Dich und unsere Augen richten sich nur auf Dich. Du wirst unseren Weg zurückführen, so dass jeder von uns bald wieder zu seinem Heim zurückkehren kann und unter dem eigenem Wein und Feigenbäumen ruhen kann.*"

So verließen wir Steppach. In jedem Dorf, das wir passierten, fuhren wir an Bewohnern vorbei die sich versammelt hatten, um uns anzustarren und wir wurden zum Gegenstand ihres Hohns und Spotts. Als wir Zusmarshausen erreichten wurde auf Anordnung von Osterberg ein Halt bei der Post im Schilde des Mondscheins eingelegt und nach dem Abstieg aus den Wägen betraten wir mit unseren Eskorten die öffentliche Trinkstube, wo die vorgenannten Herren bereits Platz genommen hatten, gemeinsam mit dem Polizeimeister Muck aus Kriegshaber. Wir durften am selben Tisch sitzen und es wurde uns nun sogar erlaubt zu sprechen und uns zu zuprosten. Wir aßen und tranken Bier und Schnaps, etwas erleichtert darüber, dass der üble Verleumder nicht anwesend war und in seiner Abwesenheit eine völlig andere Stimmung bei uns herrschte. Nachdem Herr Seligmann Bachmann die gesamte Rechnung auf sich nahm, bestiegen wir wieder die Wägen und fuhren bis sieben Uhr weiter bis wir Günzburg erreichten. Eine Menge hatte sich versammelt und es war zu hören: „*Da bringen sie die Juden, die die Banknoten gefälscht haben*“.

Wir wurden zum besten Hotel zum Schild des *Schwarzen Bären* gebracht, dort ausgeladen und in einen Saal im oberen Stockwerk geführt. Der Kommandant der Soldaten und der Wärter Kasper Kosel mit seinen Untergebenen bewachten uns. Wieder wurde uns gestattet zu essen und zu trinken wie wir mochten. Schließlich, nach *Motzi Schabbat* und unseren Gebeten wurden uns Schlafplätze auf Stroh zugewiesen.

Am folgenden Tag war der Vorabend des Versöhnungsfestes. Wir versammelten uns zum Morgengebet und tranken Kaffee. Als wir aus dem Fenster sahen erkannten wir die Herren David Hürben und Lemech Hirsch auf dem Weg zu Direktor Freiherr von Osterberg, aber es wurde uns nicht erlaubt, uns an sie zu wenden. Wir erfuhren, dass Josef Mayer, genannt Josel von Ichenhausen bereits im Gefängnis saß und dass es ähnliche Anweisungen in Ichenhausen gab, ihn und andere, speziell Auswärtige zu inhaftieren, und sie alle wie an den anderen Orten zu behandeln, sprich sie zu überfallen während sie in der Synagoge versammelt waren. Dem Vorstand dort gelang es aber, wie auch immer, einen Aufschub zu erwirken und so dafür zu sorgen, dass der Schrecken nicht zu groß wurde. Nur Josef Mayers Haus wurde bezichtigt, umstellt von Soldaten, die alles durchsuchten, jedoch wieder um nichts zu finden. Trotzdem wurden auch ihm alle Rechnungsbücher, Briefe, und so weiter genommen und von der Kommission versiegelt. Er wurde zum Gasthof und von dort in eisernen Fesseln ins Gefängnis nach Günzburg gebracht.

Um acht Uhr abends wurde unser Kommando von anderen Soldaten des hier stationierten Bender Regiments abgelöst, jedoch hatten sie uns nicht lange zu bewachen, da bald danach Richter von Koller kam, um nach uns zu sehen. Nach einer kurzen Beteuerung unserer Unschuld, baten wir, Mitleid mit uns zu haben, und uns am Folgetag, welcher der Versöhnungstag wäre, gemeinsam beten zu lassen. Seine Antwort war, dass jeder von uns still für sich beten müsse. Als uns nun aber doch klar wurde, dass wir am heiligen und erhabenen

Versöhnungstag getrennt wären von einer Gemeinschaft, besannen wir uns: „*Wehe uns, Gott, dass wir gesündigt haben. Erhöre Du, Gott, unsere Gebete und erweise uns Gnade in unser Reue.*“

Um neun Uhr kam dann der Befehl, uns auf verschiedene Plätze aufzuteilen, die uns Gefangene aufnehmen konnten. Isaak Levi und sein Schwager Chaim Springer, Rafael ben Uri Etroga, Seckel Sohn des Baruch, sein Schwiegersohn Maier Levi aus Hürben und Salomon Landauer brachte der Wächter ins Eisenhaus, jeden in eine eigene Zelle. Samson und Seligmann Bachmann aus Kriegshaber brachte der Polizeibeamte Veh bei sich am Kuhturm unter, gleichfalls voneinander getrennt. Lipmann Levi aus Kriegshaber wurde vom Torwächter *Schore* in seinem eigenem Domizil untergebracht und Vorstand Löw Ulmo durch Edelmann in seiner Behausung an der höchsten Stelle des Stadt-Turms. Schließlich wurden ich, Ber Ulmo und der verbliebene Josef Maier aus Frankenthal im Wachraum der alten Barracken untergebracht, der voll von Soldaten war, und wo ich gebunden saß bis Montag den dritten Tag des Laubhüttenfestes. Am Sonntag, den zweiten Tag des Festes wurde der besagte Josef Maier zusammen mit zwei eingesperrten Wanderern, von denen noch die Rede sein wird, nach Donauwörth gebracht.

Lob dem Herren, dessen Gnade niemals von uns weicht, dass keiner der Wachsoldaten meine Morgen- und Abendgebete störte, noch laut sprach währenddessen. Ich hatte den weiteren Vorteil, dass es Licht im Zimmer gab und ich tagsüber einen unverbauten Blick zur Straße hatte. Hauptmann DeVille von der Wache bewies seinen guten Willen damit, indem er anordnete, dass mir jede Nacht ein eigener Ruheplatz zugewiesen werden sollte, bestehend aus einem Strohsack und einer Matratze und so schlief ich ohne Decke bis mir dann schließlich einige Stücke meiner eigenen Bettwäsche von zuhause geschickt werden durften, ebenso mein Etrog und Lulav.

Zur Mittagszeit kam Gerichtsschreiber Wittmann, gemeinsam mit dem Wächter, um mich und alle anderen Gefangenen nach dem Inhalt unserer Taschen zu durchsuchen. Ich zeigte ihnen meine Uhr, eine doppelgehäusige englische Repetieruhr, meinen goldenen Ring mit einem Karneol und zwei Seitensteinen und einen reinen Goldring, worauf sie mir diese wegnahmen. Ein paar übrige Münzen im Wert eines Guldens ließen sie mir und gingen wieder. Von den anderen Gefangen nahmen sie ebenfalls was immer sie in ihren Taschen finden konnten.

Als wir den „Schwarzen Bären" verlassen hatten, bemerkten wir einige Männer aus Hürben, die auf der Straße auf und ab liefen und erfuhren, dass diese kamen, weil Vorstand Henle Löb von Binswangen, Schwiegersohn des Samuel Löb in Hürben, ebenfalls des nachts am vorausgehenden Schabbat Abend verhaftet wurde und sie bei den Behörden den Grund dafür herausfinden wollten, was jedoch ohne viel Lärm und Aufhebens von statten ging. Am Nachmittag des Tages war Henle Löb im Gasthof von Binswangen und dort traf Magistrat von Welden mit seinem Vogt und einigen Soldaten ein. Henle Löb war mit ihm bekannt, sie begrüßten sich und redeten miteinander. Der Magistrat sagte: *„Ich muss zum Schloss, um den Amtsträger dort zu treffen, frage mich aber, ob er überhaupt dort ist. Ich bin mir nicht mal sicher, wie ich dort hin komme, da ich schon lange Zeit nicht mehr hier war. Würde es Ihnen etwas ausmachen, wenn Sie mir den Weg zeigen könnten, lieber Henle Löb?"* Letzterer sah kein Problem dabei und so gingen sie miteinander zum Schloss, wo der Richter amtierte. Der Magistrat betrat den Raum, während Henle Löb draußen wartete. Als die Zeit verging und es Abend wurde, öffnete er die Tür und sagte, dass er wieder nach Hause gehen müsse, aber sie baten ihn, noch etwas zu warten. Schließlich riefen sie ihn hinein und teilten ihm mit, dass er unter Arrest stünde. Der örtliche Amtmann wurde geholt und Henle Löb von ihm ins Gefängnis gebracht, ohne darüber aufgeklärt zu werden, welchen Vergehens oder Verbrechens er nun beschuldigt wurde. Magistrat von Welden, als kaiserlicher Beamter und deputierter Kommissar in dieser Angelegenheit wollte Henle Löb nach Günzburg bringen und alles wurde dafür vorbereitet, doch der Richter von Binswangen als Bayerischer Pfalzbeamter widersprach und setzte sich nach langen

Debatten durch, so dass der Magistrat nicht nur davon abließ, sondern der Richter von Binswangen die Verantwortung für das weitere Verfahren übernahm.

Als Henle Löbs Familie sich aber über das lange Wegbleiben ihres Ehemanns und Vaters beunruhigte, sandten sie zum Schloss. Von der Verhaftung zu erfahren, bestürzte nicht nur seine unmittelbaren Verwandten, sondern entsetzte alle Einwohner Binswangens, die mit ihm fühlten. Der Richter und sein Amtmann fuhren zum Haus des Henle Löb, um eine genaue Untersuchung vorzunehmen und nahmen all seine Rechnungsbücher, Briefe und anderen Dokumente, versahen sie mit dem Amtssiegel und schafften sie ins Schloss. Henle Löb blieb nun aber volle fünfzehn Wochen im Gefängnis von Binswangen, ohne jemals etwas gesagt oder eine Anhörung zu bekommen. Unterdessen wollte Freiherr von Macneven von den bayerischen Behörden seine Auslieferung nach Günzburg erreichen, bis Henle Löb, wie in dieser Schilderung noch berichtet wird, übergeben wurde.

In Hürben erhielt der örtliche Beamte und Magistrat Herr Kolb als ordentlicher kaiserlicher Beamter Anweisungen, Kraft seines Amtes entsprechende Schritte vorzunehmen. Am bereits erwähnten Schabbat, während die Gemeinde beim Morgengebet in der Synagoge versammelt war, wurde gewartet, bis diese die Synagoge verlassen wollte. Dann wurden die Hürbener ebenso wie auswärtige Besucher und Bedienstete durchsucht und verhaftet, unter ihnen zwei Brüder, Handelsmänner aus Kronheim, allgemein als *Kronemer Jungs* bekannt, welche bei Herrn Henoch wohnten, bei dem sie ihre Habseligkeiten hatten. Ihre Überstellung ins Günzburger Gefängnis ereignete sich am Versöhnungstag.

An diesem Feiertag fühlte ich mich zutiefst betrübt, denn um neun Uhr nachdem wir unser Morgengebet gesprochen hatten, kam der Wächter Kaspar zu den alten Barracken und holte Josel oder Josef Maier aus Frankenthal für eine weitere Untersuchung. Darüber war mein Herz vor Furcht und Sorge, dass ich in gleicher Weise an diesem heiligen Fastentag in meinen Gebeten unterbrochen werden könnte. Mit umso größerer Hingabe betete ich deshalb die Mussaf und Mincha Gebete und lobte und dankte Gott dafür, dass ich dies ungestört tun durfte.

Zur Mittagszeit brachte der Wächter Josef Maier zurück und nachmittags war Chaim Springer an der Reihe, den sie dreieinhalb Stunden bei sich behielten. Aufgefordert, das Verhörprotokoll zu unterschreiben, flehte er den Bezirksrichter an, ihn gnädiger weise das Unterschreiben zu diesem Zeitpunkt zu erlassen, so dass er nicht am Versöhnungstag dazu gezwungen wäre, diesen damit zu entweihen, doch er fand kein Gehör beim Bezirksrichter, der seine Bitte mit den Worten *„Sie unterstehen jetzt meinen Geboten und die heben ihre religiösen Gesetze auf!“* ausschlug. So wurde er genötigt zu unterschreiben und wurde unter Tränen zurück in seine Zelle geführt, wo er das Mincha- und Nela-Gebet mit noch größerer Inbrunst sprach.

Freiherr von Osterberg schickte am selben Tag die Frau des Gefängniswärters zu mir, um zu erfragen, was wir essen wollten, da dies doch *„unser Feiertag“* war. Ich sagte, dass ich für den Abend bereits Kaffee bestellt hatte und bat sie, dem Direktor zu übermitteln, dass für eine weitere Verpflegung ein jüdischer Koch aus Ichenhausen beschafft werden sollte. Und so wurde noch am selben Tag per Dekret angeordnet, dass der ehrenwerte Vorsitzende der Ichenhausener Gemeinde uns einen Koch vermitteln sollte. Am dritten Tag der Woche kam auf Anordnung bereits Jossele Sohn des Ber Heilbronner mit Frau und Kindern nach Günzburg und erschienen danach täglich zur Versorgung der Häftlinge. Was er für diese Dienste verlangte wurde von ihnen bezahlt.

Die Anhörungen gingen täglich weiter, morgens und nachmittags und einige kamen zweimal täglich an die Reihe. Nebenbei bemerkt, erreichte der Vorsitzende von Ichenhausen beim Bezirksrichter das Zugeständnis, dass künftig auch keine Verhöre mehr am Schabbat oder an den Feiertagen stattfinden sollten. Am Dienstag nach dem

Versöhnungstag kamen dann wieder wohltätige Leute aus unseren drei Gemeinden, um uns zu besuchen und um bei den Beamten etwas über diese Staatsaffäre in Erfahrung zu bringen. Schließlich boten all die Leute aus unserer Heimat eine Kaution für uns, so dass wir entlassen werden könnten, doch vergeblich. Es wurde ihnen gesagt, dass dies vollkommen unmöglich sei, da ja die Verhöre noch nicht mal abgeschlossen seien, doch wie verschiedentlich beteuert wurde, sollte dies nun beschleunigt werden.

Auch Illereichen war ähnlich überfallen worden. Nachdem Josef Maier in Ichenhausen verhaftet wurde, kamen die Kommissare von Macneven und von Osterberg mit Sekretären und schriftlichen Anordnungen und einer Eskorte kaiserlicher Truppen. Es war der selbe Schabbat vor dem Versöhnungsfest, morgens, während des Gottesdienstes in der Synagoge, als Rabbiner Abraham gerade seine Predigt hielt, als der Sekretär gemeinsam mit dem örtlichen Beamten von Fürst Schwarzenberg vor der Synagoge erschien und nach dem Vater des Rabbiners, Herrn Josef Eder fragte, der selbst Rabbiner war, und in derselben Woche gerade erst aus Frankfurt zurückgekehrte. Sie befahlen ihm zu seiner Wohnung zu gehen und unternahmen dort dieselbe Art der Durchsuchung wie überall sonst und beschlagnahmten alle Schriftstücke und versahen sie mit dem Siegel des Eigentümers und dem der Kommission. Alles wurde weggeschafft und Josef Eder wurde eingesperrt im Schloss und verblieb dort beinahe drei Monate lang. Bezüglich seiner Auslieferung nach Günzburg entstand ein ähnlicher Streit wie bei Henle Löb in Binswangen. Freiherr von Macneven war darüber sehr erbost, wie ein zweiter Haman. Doch der Schwarzenberg Kommissar in Illereichen und die örtliche Regierung schenkten dem keine Aufmerksamkeit und bemühten sich eher zu Gunsten des Rabbiners, da sie von seiner Unschuld gänzlich überzeugt waren und lediglich aus Achtung vor der kaiserlichen Regierung ihn nicht umgehend befreiten und nach Hause schickten. Bericht nach Bericht wurde von dort zum Obersten Gericht nach Günzburg geschickt an Macneven, um ihm zu sagen, dass solange keine genaue Auskunft nach Illereichen gelange, welchen Vergehens der Gefangene beschuldigt sei, diesbezüglich auch keine Untersuchung stattfinden könne, andernfalls man den Beschuldigten nun aber umgehend freizulassen gezwungen wäre, wenn nichts gegen ihn vorläge. Die Günzburger Behörden gaben dem Gesuch statt. Der Richter von Illereichen verhörte den Gefangenen und die Protokolle wurden einige Wochen später durchgegangen, wovon hier noch die Rede sein wird.

Die Anschuldigungen des Verleumders Löb (leidigen Andenkens) summierten sich und sein Gönner Freiherr von Macneven steckte so viel Glauben in diese Falschheiten, dass ihr Hass und ihre Niedertracht sich gar noch ein Mal gegen Samson Binswanger aus Kriegshaber richteten. Er konnte, woran nochmal erinnert sei, durch umgehende Erklärungen und Bitten nicht nur seitens des Vorstands der jüdischen, sondern auch seitens der örtlichen politischen Gemeinde einer Verhaftung in Kriegshaber entgehen und wurde vom Amtmann nach Hause geleitet. Er hatte somit auch das das Glück, den Versöhnungstag mit seiner Familie zu verbringen zu dürfen. Nun aber wurde er doch noch in unser aller Unglück hineingezogen. Auf neuerliche Anforderung des Kommissars von Macneven stellte das örtliche achtbare Gericht einen Befehl an die Beamten in Kriegshaber aus, Samson Binswanger auszuliefern. Man zeigte sich bemüht, diese Anordnung auf möglichst menschliche Art und Weise umzusetzen, ohne große Hartherzigkeit gegenüber dem Betroffenen oder zusätzliche Verängstigung seiner Frau und Kinder. So wurde vereinbart, dass am Mittwoch, dem 12. Tischri (28. September), als Samson Binswanger aus der Stadt zurückfuhr, ihn jemand zuerst treffen und in Kenntnis setzen sollte.

Als Samson Binswanger beim Gericht abstieg, konnte er deshalb in Ruhe und Selbstbeherrschung mit dem Beamten sprechen, der mit Tränen in den Augen alle Anordnungen mitteilte und Binswanger bat, sie zu ertragen und ihn zudem wissen ließ, dass er ihn frei von Schuld und Missetaten wisse. Die Befehle müssten aber nun mal befolgt werden. *„Gehen Sie nach Hause und bereiten Sie alles vor,* *so dass wenn Sie aufbrechen müssen, Ihre Frau und Kinder in guter Verfassung zurückbleiben. Danach können Sie, entweder nach der Dämmerung oder morgen bei Sonnenaufgang mit Ihrer Kutsche fahren und ich werde Ihnen den Polizisten Muck vorausschicken, der Sie begleiten wird, so dass niemand das Geringste von allem mitbekommen muss.*" Gebrochenem Herzens ging Samson Binswanger nach Hause und handelte genauso wie es ihm der Beamte gesagt hatte. Nach Mitternacht fuhr er von seinem Haus ab. Der Polizist Muck lief zu Fuß voraus und eskortierte ihn so nach Zusmarshausen. Dort fragte er ob er sich auch in die Kutsche setzen konnte, da er sehr müde sei. So kamen sie dann ohne weiteres Aufsehen nach Günzburg. Lemech Hirsch, der hier war, sandte seinen Sohn Mendel, um Samson Binswanger eine Stunde vor Günzburg zu treffen und sagte ihm, dass er geradewegs zum *Goldenen Kreuz* fahren solle, wo er unterkommen könne und wo Muck bei ihm als Wache bleiben konnte und so wurde es dann gemacht.

Nachdem Samson Binswanger in seinem Hotelzimmer für ein paar Tage sozusagen unter Arrest stand, kam am Freitagabend, zugleich auch der Abend des Laubhüttenfestes, unerwartet Freiherr von Osterberg zu ihm, zusammen mit dem Bezirksrichter Herrn Koller, Freiherr von Macneven und seinem Sekretär, die zuvor im Eisenhaus andere Häftlinge besucht hatten. Bei solchen vorgeblichen Kontrollbesuchen war es ihre Gewohnheit, ohne ein gesprochenes Wort einfach hereinzukommen und wieder zu gehen, allenfalls fragten sie vielleicht einmal nach dem Namen. Als sie eintraten war Samson Binswangen in seinem Schlafgewand und lag ausgestreckt auf seinem Sofa. Er entschuldigte sich dafür und für seine schwächliche Gesundheit, woraufhin Freiherr von Macneven feindselig entgegnete: „*Dem kann leicht vergeben werden, wenn erst mal alles andere gleichfalls vergeben sein wird.*" Und damit gingen sie dann schon wieder.

Am Schabbat, dem ersten Tag des Laubhüttenfestes zur Zeit des Mincha-Gebets, kam Wächter Kaspar zu den Alten Baracken wo ich mit Josel Frankenthal eingesperrt war und teilte letzterem mit, dass er morgen nach Donauwörth gebracht würde, was so auch geschah. Sehr früh am nächsten Morgen wurden er und die beiden Brüder Isaak und Mendel, die *Kronemer Jungs*, in einen Wagen gesteckt und begleitet von einem Kommissar namens Roschmann, dem Polizisten Veh und sechs Soldaten machten sie sich auf den Weg. Die beiden Brüder waren bis dahin kein einziges Mal verhört oder angehört worden. Um die Behaglichkeit zu steigern und um Kosten zu sparen, wurde am selben Tag Samson Binswanger von seiner Unterkunft im „Goldenen Kreuz" in das Eisenhaus gebracht. Aus Rücksicht auf seine angeschlagene Gesundheit wurde ihm jedoch eine eigene kleine Kammer in den Räumen der Wachleute zugewiesen. Am dritten Tag des Laubhüttenfests wurde auch Samson Bachmann aus Kriegshaber aus dem Kuhturm und ebenso ich selbst aus den alten Baracken in das Eisenhaus gebracht, ein jeder in Einzelzellen. Die Verhöre wurden täglich fortgesetzt und schließlich kam nun auch ich an die Reihe. Am Mittwoch, dem fünften Tag des Laubhüttenfests dauerte dies von zehn Uhr morgens bis fast ein Uhr mittags. Nun wurde mir vieles klarer bezüglich der falschen und erlogenen Vorwürfe seitens des üblen Verleumders Löb (leidigen Andenkens), der gegen alle Inhaftierten Unwahrheiten erfunden hatte, die sich niemals ereigneten. Doch jeder von uns war sich bei den Verhören bewusst, gerecht zu sein und nichts Falsches getan zu haben.

Es ist schlicht unmöglich all seine verlogenen Aussagen aufzuzeichnen. Der wesentliche Inhalt der Anschuldigung war, dass wir in Steppach mit dem dortigen Vorstand Isaak Springer und seinem Schwager Chaim Springer im Haus des Herrn Samuel verkehrten, worin der erste einige gemietete Räume bewohnte. In einem bestimmten Raum, der eine Öffnung in der Mauer hatte, befand sich demnach eine Druckerpresse, mit welcher wir Banknoten fälschten, einer Hunderter, der andere Fünfziger, ein weiterer wiederum Fünfer und von dort aus hätten wir auch die Verteilung der Fälschungen organisiert. Selbstverständlich bestand meine Antwort, dass ich von solchen Vorgängen gar nichts wüsste. Wahrheitsgemäß konnte ich mich schon sogar dahingehend verteidigen, dass ich in den letzten zehn Jahren tatsächlich kein einziges Mal in Steppach gewesen was es erschweren würde, mich mit einer solchen Verschwörung dort in Verbindung zu bringen. Ungeachtet dessen folgte unentwegt Frage auf Frage, die sich aber alle ohne Unterlass auf dieselben Behauptungen bezogen, und ich wurde nach weiteren Namen befragt, wovon ich einige kannte und nach anderen, von denen ich nie gehört hatte, einigen von ihnen waren aus der Gegend, andere nicht. Alles basierte auf den Anschuldigungen des Verleumders Löb (leidigen Andenkens) und seiner Diebesgesellen. Solch scharfen Befragungen wurden wir alle ausgesetzt mit zahlreichen Kreuzverhören, im besonderen natürlich Isaak Levi und sein Schwager Chaim Springer, ebenso Samson Binswanger, jene drei gegen die sich die falschen Anschuldigungen hauptsächlich richteten. Bei allen waren wir jedoch als ehrliche Leute bekannt und hatten ein reines Gewissen. Doch das nutzte gar nichts. Unsere Haft dauerte an und worin sollten wir Trost finden?

Bezirksrichter Koller der uns einzeln verhörte, war selbst oft den Tränen nah und bedauerte uns wirklich. Gerne würde er doch alles tun, was in seiner Macht stünde, aber er könne uns leider nicht freilassen, da der Arrest nicht von ihm, sondern von der kaiserlichen Kommission ausging. In dieser Trübsal riefen wir: *„Gott, hilf uns. Du der mächtig bist, erhöre unsere Gebete, so dass wir befreit werden und nach Hause können!“* Dies vollbrachte der Herr, wundersam in unseren Augen.

Nachdem alle Gefangenen verhört wurden, bewerkstelligten die Richter des Oberen Gerichts, dass alle Dokumente der Herren Isaak Levi und seines Schwagers Chaim Springer, die beschlagnahmt und versiegelt wurden, durchgegangen wurden, wofür sie – da alle in Hebräisch geschrieben waren – ins Deutsche übersetzt werden mussten, ebenso die Dokumente des Josel von Ichenhausen und der Kantor von dort wurde dafür vereidigt. Mit Einwilligung des Gerichts assistierten dabei auch die Vorstände von Ichenhausen, da es ausreichend Arbeit für mehrere Wochen gab, insbesondere weil es für notwendig erachtet wurde, Recherchen über die auftauchenden Namen in den Dokumenten zu führen – zu christlichen und jüdischen Händlern aus Augsburg, Wechselmaklern, Soldaten, Personen anderen Ranges und wer auch sonst immer in irgendeiner Beziehung zu uns Gefangenen stand, sei es geschäftlich oder sonst wie, die Umgang mit uns pflegten oder befreundet waren. All diese Leute wurden von ihren Behörden ebenfalls verhört über unser Handeln und darüber, ob sie von uns gefälschte Banknoten erhalten hätten. Allesamt konnten rein gar nichts im Sinne der Anschuldigungen bestätigen, sondern waren voll des Lobes und berichteten nur Gutes. Doch obwohl die Protokolle die hier ankamen voll des Lobes waren, wurden diese Referenzen als unzureichend erachtet, um uns freizulassen und so blieben wir weiter in Gewahrsam.

Auf weiteres Betreiben des verlogenen Denunzianten und Verleumders Löb (leidigen Andenkens) und unterstützt von seinem Schutzherrn Freiherr von Macneven wurde vom Gerichtsrat Hoscher in Augsburg verlangt, unsere Räumlichkeiten in der Stadt zu durchsuchen. Das ganze Laubhüttenfest, Tage der Freude, mussten wir in den Zellen in Trauer und Klage verbringen, fern von unseren Frauen und Kindern. Das Mitgefühl unserer Leute in den drei Gemeinden und in der ganzen Region, wandelte sich zunehmend in zusätzlich eigene Furcht, da es denkbar war, dass unsere Verfolger, der genannte Kommissar wie auch der Verleumder Löb (leidigen Andenkens) gleichfalls jeden anderen von ihnen verhaften konnten, weshalb sie es nicht mehr wagten, Fürsprache für uns einzulegen. Die noch mutloseren aus den ärmeren Schichten begannen sogar den Verdächtigungen etwas Glauben zu schenken, dass wir vielleicht doch schuldig sein konnten und zweifelten an all den Aussagen zu unseren Gunsten. Mit bestem Gewissen mussten wir so dennoch Tage und Nächte in unseren Zellen verbringen, jeden Morgen wünschend, dass es bald Abend werde.

Der oft erwähnte Denunziant versuchte seine verlogenen Aussagen weiter aufzubauschen und Kommissar von Macneven glaubte ihm bereitwillig. Beide fuhren am siebten Tag des Laubhüttenfestes gemeinsam nach Augsburg, von wo aus der Gauner einen Brief an den Kantor Isaak Löb Kohn von Steppach sandte, mit der Aussage, dass er, der Empfänger ganz sicher von der Druckerpresse wisse und wo sie versteckt war, er, so er das ausplaudere, von der Kommission 1000 Karolin (11.000 Gulden) als Belohnung bekäme und auf diese Weise ein Vermögen machen könnte. Dem Brief war sogar ein Entwurf beigelegt, in welchem Wortlaut die Antwort am besten ausfallen sollte. Der Empfänger jedoch, lief sobald er den Brief in die Hände bekam, und es war schon kurz vor Schabbat, schnell nach Kriegshaber zum örtlichen Vorsitzenden und ebenso zum Bezirksrichter. Er zeigte ihnen den Schrieb und letzterer fertigte eine Abschrift davon und sandte sie an das Ortsgericht.

Abends war Steppach wieder von Angst und Schrecken ergriffen, da Kommissar von Macneven, der wohl über Nacht im Gasthof blieb zusammen mit dem Donauwörther Wärter und dem Verleumder Löb (leidigen Andenkens) dort anlangte, begleitet vom Kriegshaber Polizisten Muck. Sie gingen in das von Isaak Levi und von seinem Schwager Chaim Springer bewohnte Haus, unter der Vorgabe nach Fremden zu schauen. Der Gauner benahm sich maßlos unverschämt, als ginge ihn das alles überhaupt nichts an. Trotzdem verlangte er persönlich mit Isaak Levis Frau Hendle zu sprechen, die dies zunächst ablehnte, dann aber um weiteres Ungemach zu vermeiden, einwilligte. Doch zur Vorsicht rief sie ihren Nachbarn, den Steppacher Polizisten hinzu. Schließlich lief der Gauner zum Haus seiner Schwester Kela, der Gattin des Chaim Springer und forderte sie auf, den Kantor zu ihm zu schicken. Beide Frauen teilten ihm mit, dass sie nicht seine Dienstboten wären und er doch selbst nach ihm schauen solle. Er entgegnete ihnen: *„Eure Ehemänner sollten die*

Bagatelle mit der Druckerpresse zugeben, dann könnten sie sofort davon kommen und bekämen dazu noch eine Menge günstiges Geld, etc.“ Dann ging er mit seiner Eskorte zur Unterkunft seines Vaters Samuel, wo er nochmals nach dem Kantor schickte. Der kam und er sprach mit ihm und versuchte ihn für seine schändlichen und verlogenen Taten zu gewinnen. Er gab diesem aber zu verstehen, dass er bereits ein ausreichend gutes Auskommen habe. Der Gauner nun aber fragte sodann danach, seinen Brief wieder zu bekommen, doch der Kantor antwortete ihm, dass er diesen verbrannt habe. Dann gingen sie auch wieder, ohne weiteres Unheil anzurichten.

Doch gleich nachdem das Ergebnis des heimtückischen Besuchs am 26. des Monats Tischri (12. Oktober) bekannt wurde, wurde der Steppacher Kantor vom erwähnten Sekretär mit einer Kutsche aufgefordert nach Donauwörth zu reisen unter Maßgabe der Befugnis durch das Gericht in Günzburg. Dort steckte man ihn nun jedoch in Einzelhaft und er warte zwei, drei Monate auf eine formelle Anhörung. Als es sodann zu einer solchen kam, hatte diese lediglich den Zweck, ihn durch Beeinflussung und Zwang zu überreden, die falschen Aussagen und Lügen des Verleumders zu bestätigen. Einerseits versprach ihm der Kommissar allerlei Vorteile, andererseits drohte er ihm, schrie ihn an und wurde sogar gewalttätig und zog an seinem Kopf, ein ziemlich ungehöriges Benehmen für einen Kommissar des höchsten Gerichts. Der Kantor blieb jedoch standhaft bei der Wahrheit und bekundete, dass er von nichts etwas wusste, gerade so wie der Rest von uns.

Niemals seit der Erschaffung der Welt gab es jemals solch bösartige und verlogene Vorgänge. Deshalb ist es, wie ich bereits sagte auch völlig unmöglich, alles wiederzugeben, insbesondere all die Kleinigkeiten, die sie erfanden, so dass über uns sehr wohl gesagt werden kann, dass jeder Tag seine eigenen Schikanen mit sich brachte. Bald darauf kam es zu einem weiteren verlogenen Vorwurf oder üblen Anklage. Der judenhassende Kommissar sandte aus Donauwörth durch einen Sondergesandten Freiherr von Osterberg einen anonymen Brief, den der Verleumder Löb (leidigen Andenkens) angeblich in Donauwörth erhalten habe, mit der Behauptung, dass die Gattin des Samson Binswanger in Kriegshaber ihm eine Unterredung mitteilte, versteckt in einem Kuchen, den sie ihm nach Günzburg habe schicken lassen. Auf diese Weise sah man auch die darin erhobene Anschuldigung als bestätigt an und der gleichweise bösartige Kommissar schenkte allem sehr bereitwillig Glauben. Ohne Zweifel wurden diese widerwertigen Manöver von den dreien ausbaldowert: der bösartige Kommissar von Macneven, der Wärter aus Donauwörth und der Verleumder Löb (leidigen Andenkens), vielleicht auch mit Hilfe eines seiner Kumpanen, die in Donauwörth festgehalten wurden. Die Angelegenheit jedenfalls kam wieder an einem Schabbat zu Tage. Freiherr von Osterberg sandte sofort nach dem Wärter Kaspar, befragte ihn messerscharf und stellte ihn eigens unter Eid. Doch der war völlig verblüfft und fassungslos und versicherte ihm, dass daran nichts wahr sei und dass er alle Briefe und Pakete und dergleichen, die ankämen oder dem Gefängnisboten gebracht wurden, selbst öffnete und sorgsam untersuchte. Als das amtliche Protokoll darüber von Freiherr Osterberg an den unerbittlichen Kommissar in Donauwörth überstellt wurde, weigerte sich dieser diese Aussagen zur Kenntnis zu nehmen, da er die falschen Anschuldigungen ja selbst unterstützt hatte und an ihnen festhalten wollte. Wir Inhaftierten erwarteten deshalb jeden Tag neue Aufregungen und bedauerlich für unsere Leute zu Hause, traf selbst auf die Angesehensten unter ihnen das Wort zu: „*Den Übrigen von Euch, werde ich ihr Herz entmutigen in den Ländern ihrer Feinde und schon das Rauschen eines Blattes wird sie aufschrecken*“ (3. Moses 26, 36) So dass nun keiner mehr wagte, Partei für uns zu ergreifen und die einzige Instanz die uns verblieb war Er, zu dem sich unsere Stimmen niemals vergebens erhoben. Seinen heiligen Namen riefen wir an und flehten ihn an aus der Tiefe unserer Herzen, uns zu befreien.

Um die ekelhaften Anschuldigungen des anonymen Briefes zu bestätigen, dachten sich die beiden heimtückischen Verbündeten, der Kommissar von Donauwörth und der Verleumder Löb (leidigen Andenkens) neue und noch schlimmere Schikanen aus. Bald darauf schrieb Letzterer seinem Vater Samuel in Steppach, mit dem er sich in einer geregelten Korrespondenz befand, er vermute, dass der anonyme Brief von ihm verfasst worden sei, da die Handschrift doch der seinigen ähnele, vielleicht aber auch von seinem Bruder Seligmann in Kriegshaber stammen könne. Dazu erbat er von ihm im Namen der kaiserlichen Kommission genaueste Auskunft und wies ihn daraufhin, dass er damit ein Vermögen machen und stattliche Anerkennung bekommen könne. Der Empfänger brachte den Brief sofort zu Veitel Kaula, dem Vorstand in Kriegshaber und fragte diesen um Rat, wie dieser Brief beantwortet werden könnte. Der sagte ihm, er solle alles schreiben, was er über jeden der Inhaftierten wisse, da Gott sei Dank, niemand etwas Schlechtes über diese sagen könne. Das Ergebnis dieser Korrespondenz war sodann, dass, wieder an einem Schabbat, am 27. Marcheschwan (12. November), Herr Seligmann in Kriegshaber, als er gerade die Synagoge verlassen wollte, auf Polizeimeister Muck traf, der ihn bereits erwartete und ihn zum Magistrat und dann in Ketten nach Donauwörth brachte. Wie andere Gefangene hatte auch er zunächst keinerlei Anhörung durch die Kommission.

Freiherr von Macneven ging so weit, auch die Unparteilichkeit des ehrenwerten obersten Gerichts in Günzburg, insbesondere Freiherr von Osterbergs und Richter von Kollers anzuzweifeln und regte an, alle Gefangenen nach Donauwörth, Regensburg oder Straßburg zu bringen. Mittlerweile war es Dezember und einige Frauen, die von dieser Absicht erfahren hatten, waren gekommen, um ihren Ehemännern Winterkleidung zu bringen.

Nach diesen langen Verzögerungen wandte sich der Vorstand von Kriegshaber an den weit bekannten kaiserlichen und königlichen Ratgeber Herrn Jakob Kaula und seine Schwester die gottesfürchtige und berühmte Frau Kaula in Stuttgart. Es gab viel Schreiberei hin und zurück, um ihnen den Fall als lang geplante Verschwörung klar zu machen, die bereitwillig von judenhassenden Kommissaren aufgegriffen wurde und mittels absichtlicher Behinderung ordentlicher juristischer Verfahren unsere Freilassung hinausschob.

Herr Simon Wallerstein reiste nach Stuttgart um sich persönlich mit den Kaulas darüber zu beraten. Wir waren der Meinung, dass eine zur Regierung nach München geschickte Abordnung sicherlich Anordnungen an die Kommission bewirken könnte, die Verfahren zu beschleunigen. Dies kam erst nach einigen Beratungen zu Stande. Die Vorstände Veitel Kaula und Jakob Obermayer aus Kriegshaber sollten dorthin, begleitet von dem angesehenen Gelehrten Herrn Aaron Hechinger. Doch beinahe drei Monate waren schon vergangen: Tischri, Marcheschwan und der größere Teil des Kislev und wir warteten noch immer auf unsere Freilassung. Mittlerweile ging auch das Gerücht um, dass der Verleumder Löb (leidigen Andenkens) öffentlich bekundet habe, dass er sich noch an Jakob Obermayer rächen wolle, da dieser vor Jahren am Schabbat Chanucka für seine Verhaftung in Augsburg sorgte und nun zum Jahrestag dessen Verhaftung bewirken wolle. Obermayer fuhr von Kriegshaber mit Veitel Kaula am Montag, dem 20. Kislev nach Stuttgart um nochmals mit den Kaulas in Stuttgart zu sprechen, deren Fürsprache erbeten wurde.

Nachdem sie dort ein paar Tage blieben, fuhren sie nach Regensburg wo sie fast zwei Wochen verbrachten. Aaron Hechinger wandte sich nach München und jeder von ihnen war davon überzeugt, ihrerseits alles Notwendige zu tun. Als wir von den Anstrengungen dieser Herren erfuhren, dachten wir, dass sie bereits in der kaiserlichen Stadt Wien gewesen wären, doch anstelle der Trauben, auf die wir hofften, gab es lediglich Disteln.

Unter dem Datum des elften November wurde vom Autor, Ber Bernhard Ulmo, mit der Genehmigung des Freiherrn von Osterberg eine von mir selbst verfasste Stellungnahme zu meiner Unschuld und der des Kollegen Herrn Löw Ulmo unter Bezug auf die Verhörprotokolle und mit Bitte um Freilassung an das ehrenwerte Oberste Gericht weitergereicht.

Dies beinhaltete auch einige Anmerkungen über die vorherige, gegebenenfalls auch künftige Verpflegung der Gefangenen. Der Koch, Josel von Ichenhausen, erbat das Oberste Gericht ihm 24 Kreutzer pro Person und Tag zu gewähren. Da einige der Gefangenen zu arm waren, um dies zu bezahlen, bewilligte das ehrenwerte Gericht dem Koch Josel nur 15 Kreutzer pro Tag und vereinbarte, dass dies monatlich an den Wächter Kaspar ausbezahlt werde.

Der Richter fuhr mit einer zweiten Untersuchung aller Gefangenen fort. Am Montag, dem dritten Tag des Weihefestes wurden Seligmann Bachmann, Salomon Landauer und Ber Ulmo, die ihr Schicksal betrauerten, erneut verhört. Der Richter war tief bewegt und weinte beinahe selbst. Er versprach, dass er und das gesamte Gericht alles getan hätten und weiterhin versuchen würden, was in ihren Kräften stünde und sie sich schon längst einen Abschluss dieser Angelegenheit wünschten und uns alle nach Hause schicken wollten. Doch dies würde ihre Kompetenzen überschreiten. Der Kommissar würde sicher heute noch eintreffen und ihm alles mitgeteilt werden, usw.

Tatsächlich kam der Kommissar, unser Unterdrücker noch am selben Abend an, nach einer Abwesenheit von fast drei Monaten, zusammen mit seinem Sekretär und seinen üblichen Genossen, dem Wächter von Donauwörth und dem Verleumders Löb (leidigen Andenkens). Doch anstatt, wie zu hoffen war, dass er nun sorgfältig die schriftlichen Belege ansehen und uns von mancher Härte befreien würde, hatte er jedoch weiteres Unheil im Sinn. Sie brachen sofort wieder auf nach Steppach, zunächst mit einem Wagen, mit einem Kommando an Soldaten, dann mit einer Kutsche mit ihm selbst, seinem Sekretär und natürlich dem berüchtigten Verleumder.

Sie stiegen außerhalb von Steppach ab und letzterer setzte sich eine Maske auf und ging direkt zur Unterkunft eines sehr armen Mannes, zum ältlichen Hessel Levi und trat dort, wie üblich einfach ein, ohne einen örtlichen Rat oder Richter als Zeugen. Angeführt vom berüchtigten Verleumder gingen sie willkürlich im Haus umher und drangen dort überall ein, bis hinauf in den Dachboden und nachdem sie alles durchsucht hatten, kehrten sie mit einer kleinen Schachtel mit alten Schriftstücken zurück, die dort über fünfzig Jahre lagen und nahmen diese mit sich. Von dort gingen sie zur Synagoge, ebenfalls ohne die übliche Anwesenheit irgendeines örtlichen Beamten, schnüffelten überall herum, im Männer- wie auch im Frauenbereich und steigen auch dort in den Dachboden hoch. Alles offensichtlich unter dem Vorwand der falschen Anschuldigungen des berüchtigten Verleumders Löb, insbesondere um die eingebildete Maschine zu suchen, mit der angeblich falsche Banknoten gedruckt worden sein sollten.

Eine kaiserliche Kommission, verantwortlich für einen bedeutenden Auftrag, unter Führung und Anleitung eines Verbrechers, dessen erste Aussagen bereits unglaubwürdig waren und weiter Lüge auf Lüge häuft! Doch *„Gleich und Gleich gesellt sich gern!“* Der Kommissar zeigte seinen eigenen Charakter herum wie ein stolzer und böser Narr und ließ uns gewiss für all unsere Sünden büßen, indem er uns in solche Schwierigkeiten brachte. Wehe denen unter uns, die gesündigt hatten!

Im Dachboden der Synagoge fanden sie natürlich weitere Schriftstücke, die zusammen mit jenen, die sie im Haus von Hessel Levi fanden, zum Obersten Gericht nach Günzburg gebracht wurden, wo sie gleichfalls vom Ichenhausener Kantor übersetzt wurden.

Der Kommissar war sehr aufgebracht darüber, dass der Vorstand Henle Löb, noch immer in seiner Heimatstadt Binswangen inhaftiert war und ersuchte wiederholt und dringend die bayerische Regierung um seine Auslieferung. Ebenso fuhr er mit seinen Bemühungen fort, den oben erwähnten Josef Eder von Illereichen nach Günzburg zu bekommen, doch die Fürstliche Regierung Schwarzenberg blieb bei ihrer Weigerung. Der Kommissar kehrte zurück und wir Gefangenen hofften täglich und stündlich, dass nun, nach der zweiten Befragung, der wir uns unterziehen mussten, er wenigstens diese Unterlagen sorgfältig studieren und unseren Fall im richtigen Licht sehen würde. Leider hofften wir auch hier wieder vergeblich, denn wir erfuhren am Schabbat, dem letzten Tag des Weihefests, dass er, kaum von einer Reise nach Ulm zurückgekehrt, sofort wieder in größerer Eile zur Weiterfahrt nach Donauwörth aufbrach und uns verzweifelt zurückließ.

Am Montag, den vierten Tewet (19. Dezember) sandte das Oberste Gericht des Sekretär Hildel mit einigen Soldaten und Wägen nach Binswangen, um Herrn Vorstand Henle Löb abzuholen, der sodann am Mittwoch sechsten Tewet (21. Dezember) ankam. Seine versiegelten Dokumente wurden Freiherrn von Osterberg übergeben und er selbst in unser Gefängnis gesteckt, jedoch in eine gesonderte Zelle. Am folgenden Freitag, dem achten Tewet (23. Dezember) wurde er auf der Grundlage der heimtückischen und verlogenen Anschuldigungen des berüchtigten Verleumders und des boshaften Kommissars, demgemäß er an der Verteilung falscher Banknoten, die er in großen Umfang von Samson Binswanger erhalten habe, verhört – ähnliche Befragungen diesbezüglich hatten auch wir. Die Antwort Henle Löbs in reiner Wahrheit war selbstverständlich, dass er damit nichts zu tun und nie etwas davon gehört habe. Seine Dokumente, die von Freiherr von Osterberg mit der Hilfe des Kantors von Ichenhausen untersucht wurden, ergaben natürlich auch keine Anhaltspunkte für die Anschuldigungen, schlicht aus dem Grund, weil diese bösartig erfunden und erlogen waren. Dessen ungeachtet, schien dies nur ein weiterer Appell für unsere Freilassung zu sein, und welche Argumente wir zu unserem Vorteil wir auch vorbringen mochten, sie hatten keinen wie auch immer gearteten Nutzen. Die Herren des Obersten Gerichts waren sich vollkommen der Ungerechtigkeit bewusst, mangelten aber der Befugnis uns freizulassen und so bleib uns nichts anderes übrig als auf die Hilfe des allmächtigen himmlischen Vaters und auf die Fürsprache der edlen

Familie Kaula zu vertrauen. Letztere hatten von Beginn an und selbst jetzt noch ihre eigenen Ansichten und konnten nur langsam verfahren, so dass Woche auf Woche und Monat auf Monat folgte, ohne jeglichen Trost.

Die Vorstände Veitel Kaula und Jakob Obermayer und ebenso Aaron Hechinger, waren aus Regensburg, letzterer aus München, zurückgekehrt und nach Hause gegangen, ohne uns mehr als das Versprechen zu übermitteln, dass uns bald geholfen werde und die Regierung beabsichtige, eine neue Kommission zu ernennen. Dasselbe hatte uns aber auch bereits der Kommissar selbst mitgeteilt, als er während des Weihefests hier war und wir freuten uns und hofften täglich, dass sich die Aussage als wahr erweisen würde und dass wir, nachdem wir so lange nun schon warteten, letztlich freikämen, doch es änderte sich rein gar nichts.

Der Kommissar blieb in Donauwörth ohne sich zu rühren oder zu bewegen. Er bemühte sich lediglich darum, dass Josef Eder von Illereichen nach Günzburg überstellt werden sollte, ungeachtet der Tatsache, dass er bereits in seiner Heimatstadt ordentlich und vom Gericht dort vernommen wurde, wobei Sekretär Hildel und der Ichenhausener Kantor sorgsam seine Papiere durchgegangen waren. Der ehrenwerte Gerichtshof sandte einen freundlich verfassten Brief, in dem Ansinnen, dass der verehrte Josef Eder sollte zur Verfahrensbeschleunigung hierher gebracht werden sollte. Das Gericht von Illereichen konfrontierte Josef Eder mit diesem Schreiben noch am Schabbat. Das Gericht wollte ihn zwar nicht gegen seinen Willen ausliefern, ihn andererseits aber auch nicht freilassen, aus Achtung gegenüber der kaiserlichen Regierung. Trotz seiner durchaus wahrgenommenen Unschuld, entschloss sich Josef Eder, der nun ebenfalls schon so lange inhaftiert war, seiner Überstellung nach Günzburg zuzustimmen und legte dabei lediglich Wert, auf die Bitte um eine anständige Unterbringung und ein gerechtes Verfahren. Am Sonntag, dem zweiundzwanzigsten Tewet wurde Josef Eder mit einer polizeilichen Eskorte von Illereichen hier her gebracht. Dort stiegen sie beim Gasthof zum „Goldenen Kreuz“ ab und von dort kam er in das Eisenhaus in die Zelle, in der bereits Samson Binswanger saß. Seine beschlagnahmten Unterlagen wurden Freiherr von Osterberg übergeben, der sie teilweise in einem Bündel aber wieder dem Polizisten aus Illereichen mitgab. Einige Tage später wurde Josef Eder immer wieder nach denselben Dingen wie die anderen Gefangen befragt.

Zur selben Zeit hatte auch Henle Löb seine zweite Untersuchung. Den Anfragen und ständigen Gebeten der Gefangenen hatte der Bezirksrichter nichts anderes zu entgegnen, als dass er alles in seinen Kräften stehende getan habe und weiter versuchen werde, um unsere Freilassung zu erreichen, doch der gute Wille dieses verdienten Mannes war offensichtlich nicht ausreichend. Der feindselige Kommissar in Donauwörth wollte unsere Freilassung nicht, ganz im Gegenteil befand sich seine Boshaftigkeit in völliger Übereinstimmung mit den ungesetzlichen Aktivtäten des berüchtigten Verleumders Löb und beabsichtigte seine falschen Anschuldigungen glaubwürdig erscheinen zu lassen, obwohl ihm klar sein musste, dass sie völlig haltlos waren.

Doch der Grund, uns in solche Schwierigkeiten zu bringen, war bloße Feindseligkeit und inzwischen wohl auch die Hoffnung, der Bestrafung für zahlreiche Diebstähle und andere Verbrechen des Verleumdern zu entgehen oder diese zumindest weit möglichst hinaus zu schieben. Deshalb griff Letzterer unermüdlich zu allen Mitteln, ganz gleich wen und wie viele Menschen dies auch ins Unglück stürzen konnte.

Als nächstes gab er vor, auf dem Jahrmarkt in Ellwangen weitere Leute ausfindig machen zu können, die Licht auf die Verteilung der Banknoten werfen sollten. Gesagt, getan. Der Stadtschreiber von Donauwörth, der gleichfalls ein übler Bursche und Judenhasser war und ganz gewiss auch seinen Anteil an unserem Ärger hatte, begleitete den Verleumder nach Ellwangen und brachte einige seiner Untergebenen mit sich. In Ellwangen betrat er eine Garküche, wo sich die Marktleute zur Mittagszeit aufhielten. Einen von zwei Juden, die sich dort befanden rief er hinaus und fragte ihn, wer er sei und was er hier tue. Der Angesprochene erwiderte, dass er ein einfacher und bescheidener Mann sei und nur nach einer Gelegenheit suche etwas auf dem Markt zu verdienen. Darauf der Verleumder: „*Du kannst hier ein Vermögen machen und so viel Geld verdienen, dass du mit Frau und Kindern auf Pferd und Kutsche reisen kannst*!“ Und so kam er dann auch gleich auf seine finstere Absicht zu sprechen und fragte den Mann, ob dieser denn Isaak Levi aus Kriegshaber kenne. Er antwortete: „*Ich kenne ihn nicht näher, aber vor ein paar Jahren war ich mal dort über den Schabbat einquartiert und er gab mir dafür ein Almosen von drei Kreuzer.*“ Der ruhmlose Verleumder sagte darauf: „*Du brauchst nichts weiter zu sagen, als dass du von ihm ein paarhundert Gulden in gefälschten Noten bekommen hast und schon bist du reich.*“ Der arme Mann war ganz überrascht und sagte, dass er solchen Sachen nichts zu tun haben wolle und ging zurück zu seinem Gasthof. Der Verleumder ging ebenfalls und am Nachmittag wies er den Stadtschreiber an, die beiden jüdischen Habenichtse zu verhaften.

Letzterer ging davon aus, dass sie zum Spielhaus gegangen waren, ging ebenfalls hin, um den Auftrag auszuführen, brach dort aber an Ort und Stelle tot zusammen. Der traurigen Komödie tat dies aber auch trotzdem keinen Abbruch, denn die beiden Juden wurden dennoch verhaftet und nach etwa zehn Tagen nach Donauwörth gebracht, in Eisenketten und dies lediglich, weil der eine von ihnen sich geweigert hatte falsch zu schwören. Die beiden ließ der boshafte Kommissar von Donauwörth im Gefängnis schmachten, während er seinen eigenen Vergnügungen nachging. So wie wir anderen mussten auch diese beiden in Kummer und Sorge warten. „*Zur Rechten hatten wir keine Hilfe und zur Linken keinen Beistand.*“ Als der verehrte Rabbiner Abraham Eder aus Illereichen kam, um seinen Vater, Rabbi Josef in seinem Gefängnis zu besuchen, sandten wir anderen Gefangenen ihn auf unsere Kost und Rechnung nach Stuttgart, um nochmals nach den Kaulas zu sehen und um herauszufinden, was diese bereits unseretwegen unternommen hatten und wie lange unser Unterdrücker denn nun noch verantwortlich bleiben würde. Wir baten, unsere Notlage zu beherzigen, unsere Bitten zu gewähren und ein oder zwei Leute, die sie am besten geeignet hielten, nach Wien zu schicken, da die Verderbtheit des Verleumders anhielt. Wie lange konnte er noch an unserer Zersetzung arbeiten?

Die Boten wurden gesandt. Mittlerweile – lasst uns Gott dienen – nahte nun bereits das Purim-Fest und auch Pessach war nicht weit. Warum sollten andere sagen können: „*Wo ist denn ihr Retter? Israel ist eine Waise und hat in all seinem Kummer keine Hilfe gefunden*!“

Rabbiner Abraham, der zu seiner Reise aufbrach, kam mit so viel Trost zurück, wie ihm die würdigen Kaulas aufladen konnten. Obwohl sich noch nichts Genaues ergab, vertrauten wir doch darauf, dass Hilfe auf dem Weg war.

In der Zwischenzeit vermochten wir einigen Trost daraus erhalten, zu erfahren, dass das Oberste Gericht die vollständigen Unterlagen mit einer Einschätzung an das Oberste Strafberufungsgericht in Wien übersandt hatte und so wuchs unsere Beruhigung zur Freude, als wir weiter noch erfuhren, dass die höchste Regierung den feindseligen Kommissar Freiherr von Macneven von der Untersuchung abzog und die gesamte Gerichtsbarkeit dem örtlichen Obersten Gericht und der Hohen Preußischen Regierung übergeben wurde, der zügiges Handeln empfohlen wurde, so dass der Gerechte Gerechtigkeit finden sollte. Nun herrschte bei uns wieder eine ganz andere Stimmung, sozusagen und wir waren ganz zuversichtlich, dass unsere Sorgen bald ihr Ende hätten und dass wir möglicherweise schon zu Purim mit unseren Familien vereint sein könnten, oder wenigstens in der Zeit zwischen diesem Fest und dem Pessach. Direktor Freiherr von Osterberg sandte sofort nachdem er die Nachrichten erhalten hatte einen Sonderbotschafter zu Lemech Hirsch in Kriegshaber, so dass dieser herbeieilen konnte. Ebenso kam Israel Landauer aus Hürben zu uns mit der Zusage, dass wir sehr bald frei kämen. Die Herren Henle Ulmo und Simon

Wallersteiner nahmen sich ebenfalls Herz und Mut hier her zu kommen und uns zu besuchen. In der folgenden Woche besuchte uns auch Jakob Obermayer und nochmals Lemech Hirsch. Jedoch, wie in so vielen Dingen, war dies ein Fall bedächtiger Eile.

Die Gefangenen in Donauwörth sollten ebenfalls hierher gebracht werden, um die Angelegenheit zu beschleunigen, aber der üble Kommissar versuchte selbst dem höchsten Gericht zu widerstehen und in seiner Verderbtheit alles noch weiter zu verzögern mit dem Hinweis, dass seine Aufzeichnungen noch nicht vollständig seien. Als wir dies erfuhren, waren wir erneut niedergeschlagen und wunderten uns wie das nun überhaupt passieren konnte. So waren uns nun die Purim-Freuden verdorben und auch das Essen, welches der Koch Josel aus Ichenhausen uns von unserm hart verdienten Geld verstieß gegen die Erfordernisse, so dass wir auch mit ihm noch einige Unannehmlichkeiten hatten.

Josef Eder aus Illereichen las uns die Megila, zu welchem Zweck es uns erlaubt wurde, in einem Raum zu versammelt zu sein. Das Herz des verruchten Kommissars verfestigte sich noch weiter und so sandte er seinen Sekretär zusammen mit dem Polizisten Muck aus Kriegshaber zu zwei christlichen Bewohnern dort, wovon einer Kreppschuster genannt wurde, um zu fragen, ob Herr Isaak Levi sie jemals als Boten nach Hürben, Hohenems, Ichenhausen oder Nürnberg geschickt hätte und ob sie von dort nicht Geld zu ihm gebracht hätten. Wer wäre nicht erstaunt über derartig eigenartige ungesetzliche Bemühungen, eine Untersuchung fortzusetzen, ohne die örtlichen Instanzen davon zu unterrichten und trotz der Anordnung des höchsten Gerichts, ihm die weitere Zuständigkeit aus den Händen zu nehmen? Trotzdem, weiter Bosheit auf Bosheit schichtend, schickte er der Regierung eine Beschwerde darüber, dass wir Gefangenen zu sorglos bewacht würden, usw. So kam noch am selben Tag plötzlich Regierungsrat Kolat mit einem kaiserlichen Hauptmann ins Gefängnis, um die Zelle von der Herren Samson Binswanger und Josef Eder aus Illereichen zu inspizieren.

Das Glück schien auf Seiten des Denunzianten, da sich zu jener Zeit mehr Leute in der Zelle aufhielten, die hier auf die Visite eines Arztes warten sollten. Der Arzt jedoch war bis da noch nicht erschienen. Entsprechend waren die Insassen sodann auch verängstigt, als der Gerichtsrat fragte: "*Was ist denn hier los? Nennen die das einen Arrest?*", etc. worauf sie schon wieder verschwanden. Am folgenden Nachmittag erschien Bezirksrichter von Koller, sicher auf Weisung der Regierung und besuchte einige der Zellen, welche seit Monaten bereits, natürlich auf Anordnung und mit Billigung des ehrbaren Gerichts zwei Insassen hatte. Auch er war ganz außer sich und schrie verärgert, dass dies nicht zulässig sei und dass doch jeder Gefangene einzeln und von anderen getrennt eingeschlossen sein müsse. Ohne große Verzögerung wurde jeder am nächsten Morgen entsprechend umgelegt. Josef aus Illereichen und Seckel aus Steppach kamen so aus dem Eisenhaus in andere Häuser.

Schließlich musste das Böse nachgeben und der hasserfüllten Kommissar in Donauwörth wurde aufgefordert, die anderen Gefangenen hier her nach Günzburg zu bringen. Am Montag, dem zweiundzwanzigsten Adar (5. März), ritt Bezirksrichter von Koller mit seinem Gerichtsdiener, dem Polizisten Veh zusammen mit zwei Wägen und einem Kommando Soldaten nach Donauwörth und kam tags darauf, am Dienstag zurück, mit folgenden Gefangenen: die beiden Kronemer Jungs, die Brüder Isaak und Mendel, Josel Frankenthal, Kantor Issak Löb Kohn aus Steppach, Herrn Seligmann aus Kriegshaber und jene beiden armen Juden, die in Ellwangen verhaftet wurden. Einige von ihnen wurden in das Gefängnis gesteckt, in welchem auch wir untergebracht waren, die anderen in anderen Häusern, wo sie jeder einzeln eingesperrt wurden.

Gemäß den Anweisungen des Gerichts, sollte nun auch endlich der berüchtigte Verleumder Löb ausgeliefert werden, doch sein Freund und Gönner begünstigte ihn und gab vor, dass er ihn ohne gerichtliche Anordnung aus München nicht überstellen könne. Damit noch immer nicht genug der schändlichen Taten seitens des verderbten

Kommissars! Am Mittwoch, dem 7. März veranlasste er zwei Herren der Regierung, die als Kommissare für die weitere Untersuchung ernannt worden waren und Bezirksrichter von Koller, ihn in Dillingen zu treffen. Dort gelang es ihm, sie auf seine Seite zu ziehen und als wir dies erfuhren, erschraken wir auf neue, so wie unsere Hoffnungen, bald frei zu kommen, erneut sanken.

Aus gutem Grund, ergaben erfolglose Anstrengungen verschiedener Herren, die zu dieser Zeit hierher kamen und die Richter eindringlich baten, dass es nicht möglich war, uns zum Pessach-Fest freizulassen. Die Bittsteller waren der kaiserliche Rat Herr Jakob Kaula, Herr Aaron Hechinger, Herr Simon Wallerstein aus Kriegshaber sowie Herr Israel Landauer aus Hürben. Ihnen wurde bedeutet, dass wenn der Beschuldiger, der Verleumder Löb (leidigen Andenkens) mit den anderen Gefangenen aus Donauwörth ankäme, alles notwendige unternommen werden könne und dass sie seine Auslieferung in ein paar Tagen erwarten würden. Am Schabbat, dem sechsundzwanzigsten des Adar (9. März) schließlich erhielt Freiherr von Osterberg eine Nachricht des Kommissars aus Donauwörth, der sich seine eigene Zeit ließ, mit dem Inhalt, dass nun ordentliche Anordnungen gemacht werden konnten, den berüchtigten Verleumder Löb abzuholen und herbeizuschaffen. Dann war unsere Freude natürlich groß, denn auf diesen Tag hatten wir ja nun lange genug gewartet. Der Herr Direktor beeilte sich nun tatsächlich mit der Ausführung dieser Anordnung und sandte am selben Tag seinen Sekretär und dem Polizisten Veh mit den entsprechenden Anweisungen nach Donauwörth und am selben Abend noch einen Wagen mit Soldaten, dem Wächter Kaspar Kosel und Handschellen hinterher. Sie kamen morgens um acht Uhr in Donauwörth an und warteten den ganzen Tag, verzögert durch den unwilligen Kommissar, der vorschob viele Schreibarbeiten zu haben. Um einen weiteren Beleg für seine üblen Absichten und Anlass für eine Verzögerung nach der anderen zu geben, wartete er nun bis zehn Uhr abends, bevor er den Leuten aus Günzburg mitteilen ließ, dass der Verleumder Löb (leidigen Andenkens) *krank* sei und ließ ihnen ein Attest des örtlichen Arztes überbringen, in welchem es hieß, dass er derzeit *nicht reisetauglich* sei. Und so kehrten sie am Montag dem neunundzwanzigsten Adar (12. März) mit leeren Händen zurück. Einmal mehr sahen wir Gefangenen unsere Hoffnung, Pessach in Freiheit feiern zu dürfen zunichte. Wir konnten nur weiter auf unseren himmlischen Vater vertrauen und darauf hoffen, dass Er, der einst auch Josef im Gefängnis gehör schenkte, bald dasselbe für uns tun würde.

Zusammen mit den bereits erwähnten Gefangenen aus Donauwörth, sollten auch zwei andere Männer kommen, die dort schon seit fast einem Jahr eingesperrt waren, die Herren Mordechai Buttenheim und Samuel Prager aus Fürth. Sie hielt Kommissar Freiherr von Macneven jedoch zurück mit der Behauptung, dass dafür eine Anweisung der preußischen Regierung in Ansbach erforderlich sei. Hier geschah nichts weiter, da alles von der Anwesenheit des Verleumdern Löb abzuhängen schien. Unsere Freilassung aus der Haft wurde nun weiter verzögert, da Kommissar von Macneven Donauwörth verließ, um über Ansbach nach seiner Heimatstadt Prag zu reisen. Am fünften Nissan traf ein Brief von ihm bei den örtlichen Behörden in Nürnberg ein, mit einem Auslieferungsbefehl der Preußischen Regierung in Ansbach für Mordechai Buttenheim und Samuel Prager und der Mitteilung, dass diese zusammen mit Löb dem Verleumdern (leidigen Andenkens) nun abgeholt werden könnten, da die Gesundheit des letzteren wieder hergestellt sei. Natürlich wusste jeder, dass er überhaupt nicht krank war. Sofort wurden die erforderlichen Papiere von den örtlichen Beamten an die obersten bayerischen Stellen in Ulm gesandt und am Dienstag, dem zehnten Nissan wurde ein Kommissar mit dem Polizisten Veh und einem Wagen mit drei Soldaten und mit Handschellen von der hohen Regierung nach Donauwörth geschickt, um den Verleumder hierher zu bringen, zusammen mit zwei anderen Leuten, von denen niemand wusste, aus welchem Grund sie nicht bereits zuvor ausgeliefert wurden. Am Schabbat vor Pessach nachmittags trafen sie nun tatsächlich ein. Der Verleumder wurde vom Donauwörther

Stadtschreiber in derselben Kutsche begleitet. In Lauingen hielten sie zum Mittagessen und der Regierungskommissar saß tatsächlich am selben Tisch mit ihnen und in den letzten Stunden reiste er noch in der Kutsche des Polizisten Veh. Als sie vor dem Haus des Freiherrn von Osterberg vorfuhren, war dieser sehr ungehalten darüber, dass ein solcher Gauner nicht wie vorgesehen in Handschellen bei den Soldaten saß. Der Regierungskommissar erhob dagegen Einwände in die der Stadtschreiber von Donauwörth einstimmte. Freiherr von Osterberg erklärte diese Einwände jedoch für unvertretbar und befahl Wärter Kaspar Kosel den Verleumder zu fesseln und umzusetzen, was so auch geschah. Er wurde ins Eisenhaus gebracht und musste sich gemäß den Bestimmungen ausziehen, wobei sieben Gulden bei ihm gefunden wurden. Diese wurden beschlagnahmt und er in Ketten gelegt. Die Unverschämtheit und der Trotz, die der Verleumder bei dieser Gelegenheit an den Tag legte, spotten beinahe jeder Beschreibung. Er bespuckte und beleidigte die Beamten ohne Maß und erklärte, er würde keinerlei Angaben machen und dass, wenn es in Donauwörth bekannt werde, wie man ihn behandele, man ihn niemals ausgeliefert hätte. Ganz zu schweigen davon, dass er die Gesetze genauso gut kenne wie die Behörden in Günzburg, etc. Der Stadtschreiber von Donauwörth, der ihn begleitet hatte sagte am Sonntag zu Freiherrn von Osterberg, dass er davon ausgegangen war, bei der Befragung des Verleumders anwesend zu sein und ihn sogleich wieder mit nach Donauwörth zu nehmen. Daraus kann man recht einfach schließen, wie die Geschichte in Donauwörth, der üblen Brutstätte der Verschwörung gegen uns ausgeheckt wurde.

Freiherr von Osterberg antwortete nun, dass dies ohne Anweisung des kurfürstlichen Gerichts in München nicht möglich sei. In der Zwischenzeit stünde es dem Stadtschreiber natürlich frei, auf eigene Kosten im Gasthof zu bleiben, falls er dies wünsche. Dieser wollte nun zumindest seine bisherigen Reisekosten erstattet bekommen, was ihm verweigert wurde und so fuhr er montags wieder zurück nach Donauwörth. Dem verderbten Löb sandte er trotzdem noch einen Gulden durch den Kutscher, doch den nahm ihm der Wärter weg und übergab ihn zusammen mit den anderen sieben dem Freiherrn von Osterberg. Als der Wächter Löb fesseln wollte, wie es sein Auftrag war, verwies er auf seine eigenen Fesseln, die er in Donauwörth erhalten habe und für die er einen Schlüssel hatte und verlangte, dass nur diese benutzt werden dürften. Ein weiteres Beispiel für die in Donauwörth vorherrschende Redlichkeit. Das ehrenwerte Oberste Gericht, berichtete auf der Grundlage der Forderung aus Donauwörth, nach München, dass unser Fall vorbehaltlich ruhen müsse bis dort eine Entscheidung gefällt werde und so mussten wir uns damit abfinden, die Pessach-Feiertage im Gefängnis zu verbringen.

Uns dem Unausweichlichen beugend, sandten wir einen Günzburger Boten nach Hause, um Matzen und die erforderlichen Mengen Wein und die anderen Erfordernisse für eine bestmöglichste Einhaltung der Seder, selbst wenn die formelle Einladung an alle Hungrigen einzutreten und Anteil an unserem Mahl zu nehmen, hinter verschlossenen Türen natürlich sehr ironisch klingen musste. Wohl aber konnten wir fragen: „*Was unterscheidet diese Nacht von anderen*?" nun in Erinnerung an unsere häuslichen Feiern, als wir im Kreise unserer Familien der Rettung Israels aus dem Land Ägypten gedenken konnten und in Gedanken daran, dass wir selbst Anteil an dieser Befreiung hatten.

Völlig überraschend wurde der Arzt am Montag, dem Vorabend des Pessach in das Eisenhaus gerufen, da der Verleumder Löb, wegen angeblicher Krankheit behauptete das gängige Gefängnisessen nicht essen zu können. Der Arzt wurde begleitet von Bezirksrichter von Koller und einem Offizier, dem er Anweisungen gab, unklar ob in Bezug auf uns oder auf unseren Feind. Kurz darauf besuchte der Offizier gemeinsam mit dem Wärter jede einzelne Zelle. Wenn Josel, der Koch oder sonst jemand kam, um uns unser Essen zu bringen wurden sie jedes Mal von beiden begleitet, von dem einem zur Rechten und dem anderen zur Linken. Anstelle dass wir, wie wir hofften, diesen Abend gemeinsam verbringen zu dürfen und in der Lage zu sein über die Wohltaten Gottes an unseren Vorfahren beim Auszug aus Ägypten zu sprechen, wurden wir vom Wärter verspottet, der uns seinen Nachttopf brachte und die Tür verschloss. Lediglich beim Mondlicht konnten wir unseren Kiddusch machen und Matzen essen. Aus diesem Grund schickte Rabbi Josef Eder von Illereichen, nach erhaltener Genehmigung, seinen Sohn Abraham Löb zum Vorsitzenden der Gemeinde in Ichenhausen, um von dieser unzulässigen Behandlung zu berichten. Nach Unterweisung des Ichenhausener Rabbiners gingen die Vorstände Hirsch und Josel zum ehrenwerten Gericht, um gegen die Behandlung zu protestieren. Die Fürsprache der beiden Herren führte dazu, dass am zweiten Tag des Festes jeder in seiner Zelle eine Kerze haben durfte, und im Rahmen der gegebenen Möglichkeiten abends seine eigene, sehr einsame Seder halten konnte. Abseits dieses kleinen Zugeständnisses, nahmen wir recht unangenehm zur Kenntnis, dass der Wärter, der uns bis dahin eher zuvorkommend behandelt hatte, offensichtlich eingeschüchtert und fast ängstlich darauf bedacht war, der Klage des Offiziers in Bezug auf die Rundumüberwachung der Gefangenen zu entsprechen, sich nun entschieden hatte, seinen Aufenthalt in die Kammer zu verlegen, die bislang von Samson Binswanger belegt war. Letzterer, der unter den gegebenen Umständen den ersten wie auch zweiten Abend des Festes in seiner Zelle verbrachte, musste nun unglücklicherweise hinnehmen, dass er gestört wurde. Die in anderen Häusern einquartierten Gefangenen konnten die Verrichtungen des Festes gleichfalls nur ohne die volle Freude ausführen, zum einem weil die Türen ihrer Kammern doppelt verschlossen waren, zum anderen, weil davor ständig Wachen auf und ab gingen.

Es sollte hier angemerkt werden, dass wir wegen der Ankunft des Offiziers mit Bezirksrichter von Koller just am Abend des Festes, dachten, dass wir von letzterem vorgeladen würden, doch dies war ein Trugschluss. Es war Regierungsrat Kolat, wie vorher erwähnt, der plötzlich mit dem Hauptmann im Eisenhaus auftauchte. Bei dieser Gelegenheit wurde der Wächter dafür getadelt, mehrere Gefangene in einer Zelle untergebracht zu haben und redete sich aus bloßer Verlegenheit heraus, dass er allein mit seinem Dienst gänzlich überfordert sei und einen Gehilfen benötige. Als solcher sollte ihm nun der Offizier zur Seite stehen, der unter dem Befehl des Hauptmanns stand und mit ihm entweder verwandt oder sehr eng befreundet war. Der Wächter seinerseits wollte den schnell lästigen Aufpasser nun wiederum loswerden, während dieser sich von allerlei niedrigen Aufgaben und Botengängen erniedrigt und ausgenutzt vorkam und von sich aus aufgab. Schon am Freitag, dem vierten Tag des Pessach-Festes blieb er weg und erschien hernach nie wieder zum Dienst. So hatten wir am darauf folgenden Schabbat einigermaßen Ruhe und freuten uns doch auch ein wenig über diese Erleichterung.

Am Sonntag, dem Vorabend des letzten Feiertags besuchte Rafael, der Sohn des Israel Landauer aus Hürben Freiherr von Osterberg, vermied es aber uns zu treffen. Stattdessen schickte er uns durch den Koch Josel die Mitteilung, dass in einigen wenigen Tagen ein neuer Kommissar eintreffe, mit dem Auftrag, die gesamte bisherige Untersuchung durchzugehen und zu beschleunigen, jedoch unter der weiteren Einbeziehung des ehrenwerten Gerichts, das einen Bericht an die Hohe Regierung erstellen sollte.

Darüber hinaus erfuhren wir, dass dieser neue Kommissar die Untersuchung anstelle von Bezirksrichter von Koller leiten sollte. Als die Anweisung der obersten Behörden eintraf, den Prozess zu beschleunigen, bat letzterer darum, von der weiteren Teilnahme befreit zu werden und berief sich darauf völlig überarbeitet und entkräftet zu sein. Seinem Gesuch wurde entsprochen. Sofort wurde der kaiserlich königliche oberste Gerichtsrat Herr Gram hierher aus Rothenburg am Neckar versetzt, der als Autorität geschätzt wurde und wohl bekannt dafür war, geflissentlich zu arbeiten. Der Herr traf am Mittwoch, dem vierundzwanzigsten Nissan (4. April) ein. Am folgenden Donnerstag kam Freiherr von Osterberg mit ihm ins

Eisenhaus und sie kamen ins Verhörzimmer ohne zuvor einen der Gefangenen gesehen zu haben. Am Montag dem 29. Nissan (9. April), morgens um acht Uhr war der Verleumder Löb (leidigen Andenkens) nun auch endlich Gegenstand eines Verhörs. Seine völlig unverschämten und beleidigenden Anmerkungen gegenüber dem Gericht im Allgemeinen waren unglaublich. Zunächst verweigerte er jede Aussage, dann verlangte er *eigene* Akteneinsicht und berief sich stets auf seinen Kommissar in Donauwörth.

Zudem merkte er an, dass wenn er vorausgesehen hätte, wie man ihn hier behandle, er niemals hier her gekommen wäre, und weiteres aufmüpfiges Gerede dieser Art, mit dem er sich unentwegt lustig machte. Er bestand darauf, dass die Untersuchung abgeschlossen werden müsse, er genug davon und bereits Kopfschmerzen habe. Nachmittags um zwei wurde seine Befragung fortgesetzt und der falsche Zeuge (leidigen Andenkens) wiederholte all seine verlogenen Vorwürfe von Anfang bis Ende und fuhr fort als wäre er derjenige der das Verfahren leitete. Selbstverständlich wurden alle seine Aussagen und Bemerkungen zur Notiz genommen. Seine Befragung dauerte bis sieben Uhr abends und danach noch einige weitere Tage.

Als er sodann wieder krank wurde, rief man einen Arzt, der empfahl, die Verhöre auf zwei Stunden täglich zu beschränken, was so auch getan wurde. Der Zeuge blieb jedoch weiterhin stur wie zuvor und Kommissar Gram, ein erfahrener Mann und intelligent genug, seine Absichten von seinem Gesicht abzulesen und zu durchschauen, bediente sich vieler Fangfragen mit welchen er immer wieder vorherige Falschaussagen, die er zuvor in Donauwörth gemacht hatte, widerlegen konnte. Kommissar Gram nutzte jedes Mittel, um wahre Aussagen zu erhalten und sparte weder an freundlichen Worten noch an Drohungen. So nun beides keinen Zweck hatte und der Zeuge uneinsichtig blieb, rief er den Kerkermeister, um Daumenschrauben anzusetzen. Schon als nur seine Hände gebunden wurden, begann er ernst zu antworten, erklärte dann aber, dass er weiter nichts wisse.

Am Folgetag, Donnerstags morgens, kam der Kommissar zum Verhör zurück, doch der lügnerische Anschuldiger verweigerte zu erscheinen und gab vor zu krank und schwach zu sein, so dass einmal mehr nach dem Doktor gerufen werden musste. Dieser, ein erfahrener und älterer praktischer Arzt versuchte den eingebildeten Kranken mit gutem Zureden zu beeinflussen und erklärte ihm, dass seine Leiden nur daher rührten, dass er zu viel denke, grüble und eifere und dass davon seine Nerven in stetiger Anspannung gehalten würden und sozusagen verstopft seien. Würde er jedoch ganz einfach die bloße Wahrheit sagen, ginge es ihm viel besser und seine Krankheit verschwände sofort. Darauf begab sich der Zeuge nun in den Verhörraum und, anstelle wie bislang, immer bereit zu jeder Schande, und nachdem der Kommissar ihn nochmal ernsthaft ermahnt hatte die Wahrheit zu sprechen, gestand er letztlich. All seine Aussagen in Donauwörth, ebenso wie die hier zuvor getätigten Lügen und wären falsch und sämtliche Gefangenen unschuldig. Er allein habe ihre Verhaftungen erwirkt. obwohl kein Hauch von Wahrheit an der Geschichte mit den Banknoten war und ihn nur bloße Abneigung dazu bewogen hatte. Es würde zu weit führen, sein gesamtes Geständnis wiederzugeben. Lassen wir es damit bewenden, dass er im Einzelnen die Gründe nannte und im Allgemeinen unsere eigenen Zeugenaussagen vollkommen bestätigte. Eigenartigerweise wurde unser bisheriger Ankläger nun sogleich zu unserem Fürsprecher und Beschützer und begann darum zu bitten, dass wir umgehend entlassen werden sollten. Er erklärte, dass es ihm unendlich leid tue um die Frauen und Kinder, die seinetwegen so viel erleiden mussten.

Der Wächter, der außerhalb des Verhörsaals saß und alles gehört hatte, war sehr ergriffen und rannte sofort zu den Zellen von Samson Binswanger und Isaak Levi und berichtete mit Tränen in den Augen von dem Erfolg des Verhörs. Unser standfestes Vertrauen in Gott war nicht vergeblich! Um elf Uhr war das Verhör beendet und das Protokoll unterschrieben. Als der Wärter den Zeugen zurück in seine Zelle führte, schien dieser voll von Reue zu sein. Er weinte unaufhörlich und immer wieder äußerte er sein tiefes Bedauern für unsere Frauen und Kinder und wünschte, dass er tot wäre.

Sogar die Todesstrafe sei nicht genug für ihn. Ihm wurden die Fesseln abgenommen, und damit sich seine Gesundheit erholen konnte, bekam er täglich ein Viertel Wein, solange das Geld, das er bei sich hatte, dafür reichen würde.

Dies ist der Tag den der Herr machte. Lasst uns jubeln und uns mit Ihm erfreuen!

Dies geschah vormittags und es ist unmöglich, festzuhalten, was in diesem Zusammenhang nun alles gesprochen wurde.

Nachmittags um zwei als der Kommissar zur Anhörung fortsetzte und Verleumder Löb (leidigen Andenkens) hereingebracht wurde, verhärtete sich dessen Herz nun wieder und er fiel wieder in sein bisheriges boshaftes und stures Verhalten zurück. Zunächst antwortete überhaupt nicht, doch dann äußerte er sich wieder unflätig über uns und die Richter. Er erklärte, dass alles was er vormittags gesagt habe, unwahr und falsch sein und nur unter dem Zwang und der angedrohten Folter von ihm geäußert wurde, etc. Außerdem seien die Verhaftungen in Kriegshaber auf Grund von Bestechungen nicht ordnungsgemäß durchgeführt worden, anders als in Steppach, wo er persönlich dabei gewesen sei. Als der Kommissar fragte, woher er denn all dies wissen wolle, antwortete er mehrfach, dass er als das schon in Donauwörth sagen können, wäre ihm danach. Auf die Frage des Kommissars, wer denn nun aber die Bestechung bezahlt habe und wer sie entgegen nahm, antwortete er, dass die Kaulas und Freiherr von Osterberg darüber eigentlich *alles* wissen sollten.

Wieder befragt, woher er das nun wieder wissen wollte, antwortete er, dass ihm dies sein Wärter in Donauwörth alles erzählt habe, dass aber hier in Günzburg offenbar die Wahrheit ausgehöhlt werde, armen oder einfachen Leuten jeder Vorteil genommen werde und die Reichen bevorzugt würden. In dieser Weise setzte er seine neuerlichen Bosheiten fort. Der Kommissar beendete das Verhör und forderte den Zeugen auf, das Protokoll zu unterschreiben. Dieser weigerte sich nun aber und schrie laut herum: *„Nein, ich werde nicht unterschreiben!“* Der Kommissar widerholte seine Aufforderung noch zwei-, dreimal, doch der Zeuge blieb bei seiner überraschenden Weigerung. Daraufhin rief der Kommissar nach dem Wächter und als er eintrat, befahl er ihm vor der Türe zu warten. Er war gerade dabei eine Bestrafung des Zeugen anzuordnen, als der Schwachkopf sich nun umdrehte, bloß noch *„macht nichts“* sagte, zum Tisch ging, die Feder ergriff und unterschrieb, jedoch mit dem Zusatz, dass alles was er vormittags gesagt habe, unwahr sei. Als der Kommissar und die beiden anwesenden Zeugen das ungebärdige Verhalten verstanden, fügten sie ihrerseits dem Protokoll hinzu was diesbezüglich notwendig war.

Freitags, also am nächsten Morgen, begann um acht Uhr ein weiteres Verhör. Der niederträchtige Zeuge Löb (leidigen Andenkens) blieb weiter bei seinen falschen Anschuldigungen und setzte diese den gesamten Vormittag fort. Er erzählte seine alte Geschichten, aber auch neue, etwa dass im Jahre 1799 bereits das Fälschen der Banknoten begann, und dass Josef Eder Papier aus Frankfurt besorgt habe und weitere Lügen dieser Art. Er sagte auch, dass sein Kommissar - der heimtückische Macneven - leider nicht seiner Empfehlung gefolgt war, fünf Personen, nämlich Isaak Levi, dessen Schwager Chaim Springer, Samson Binswanger, Ber Ulmo und Seckel Steppach an jenem Freitag ins Hotel „Drei Mohren“ nach Augsburg zu beordern und dort zu verhaften, wo man sie mit den falschen Banknoten hätte erwischen und ihre Häuser zur selben Zeit hätte durchsuchen können. Darüber hinaus verdächtigte er nun *alle* Juden als solche: einige kauften gestohlene Waren, andere handelten damit, einige fälschten Goldmünzen, andere brachten sie wiederum in Umlauf, andere begingen weitere Betrügereien, verkauften vergoldetes Kupfer als echtes, oder mit Silber überzogenes Messing, handelten mit gefälschten Wechseln, usw. wie es während der Französischen Kriege geschehen sei.

Als der Kommissar dazu wieder Genaueres erfahren wollte und ihn entsprechend befragte, sagte er, dass er keine Einzelheiten kenne, es aber *annehme*. Sodann stellte der Kommissar ihm andere Fragen, beispielsweise danach, an welchem Tag und zu welcher Stunde die Verteilung der Falschnoten stattgefunden haben soll und gab ihm zur Beantwortung der Fragen aufschiebende Bedenkzeit bis zum nächsten Verhör nachmittags. Als die Zeit dafür gekommen war, kam der Wärter zur Zelle und redete ihm zu, doch endlich die Wahrheit zu sagen und damit aufzuhören, sich selbst und den Kommissar zu quälen, etc.

Er schien sodann freundlich gesonnen und gestand dem Wärter, dass er all die Beschuldigungen *„nur so"* gesagt habe, weil er eben „diese Leute" nicht möge. Darauf erwiderte der Wärter, der Aussage sei nicht zu trauen, da er sie ja doch sogleich wieder widerrufen werde. In Gegenwart eines unparteiischen Mannes würde er das schon bezeugen, antwortete er ihm, andernfalls natürlich nicht. Also rief der Wärter einen Bürger in die Zelle, Herrn Kugler, der bereits wartete, da er als Zeuge vorgeladen war zusammen mit Herrn Kohlmann, ebenfalls Bürger der Stadt Günzburg. In ihrer Gegenwart widerholte der Verleumder Löb nun alles was er dem Kommissar zuvor gesagt und hernach widerrufen hatte. Beide sagten ihm, dass er dies nun auch korrekt dem Kommissar mitteilen müsste und er versprach dies zu tun. Dann führte ihn der Wächter die Treppen hoch zum Verhörzimmer und berichtete dem Kommissar von dem was sich zugetragen hatte. Als Löb aufgefordert wurde, die Wahrheit zu widerholen, stimmte er zu, dem Kommissar alles im privaten zu erzählen, so alle anderen das Zimmer verlassen. Auf Anweisung des Kommissars Gram verließen die beiden Zeugen und die Schreiber den Raum und niemand sonst war anwesend, als Löb ihm sein Geständnis machte.

Der Zeuge bestätigte dem Kommissar nun alles, was er zuvor in seiner Zelle dem Wärter und Herrn Kugler anvertraut hatte, dass nämlich all die verlogenen Anschuldigungen gegen die Gefangenen von ihm nur aus Feindschaft erfunden wurden und wir bezüglich der gefälschten Banknoten unschuldig seien. Nachdem der Kommissar die Geschichte gehört hatte, teilte er ihm mit, es reiche nicht, wenn er dies ihm das nur persönlich aussagte, sondern dass alles auch zu Protokoll genommen werden müsse. Er rief die Zeugen und Schreiber zurück, woraufhin der Verleumder sein gesamtes Geständnis nochmals und sogar noch ausführlicher wiederholte und bestätigte, dass in Bezug auf die vorher genannten Beschuldigten tatsächlich alles frei erfunden sei, weshalb sein wiederholtes Geständnis abermals mit unseren Aussagen übereinstimmte.

Er räumte ein, dass alles was er in Donauwörth über uns gesagt hatte, unwahr sei und bat nochmals darum, uns baldmöglichst frei zu lassen. Diese Befragung dauerte nun bis sechs Uhr abends. Als er unterschrieben hatte bat er für sich um Tinte, Feder und Papier, um seinem Kommissar von Macneven in Donauwörth einen Brief zu schreiben. Kommissar Gram stimmte zu, beauftragte den Wärter jedoch, ihm den Brief zu zeigen, sobald dieser geschrieben sei. Zurück in seiner Zelle schrieb der Zeuge am selben Freitagabend an Kommissar von Macneven in wohl gewählten Worten, dass er hier nun in Ketten saß und bereits alles gestanden habe. Er vermutete, dass der Adressat nun ebenfalls in Schwierigkeiten sei und ihm deshalb unverzüglich schreiben wolle, etc. Der Wärter nahm den Brief zur Hand und übergab ihm, wie angewiesen Kommissar Gram. Als Löb am Schabbat, den dritten Ijar (14. April) morgens um acht Uhr erneut bis zur Mittagszeit verhört wurde, bestätigte er alle Aussagen des Vortages und beantwortete alle Fragen des Kommissars in richtiger Weise. Er wiederholte, dass wir unschuldig seien und dass ihm alles sehr leid tue.

Befragt nach dem Grund seines Hasses gegen den einen und anderen von uns, nannte er Vorkommnisse, die hier teilweise schon erwähnt wurden. Etwa dass Isaak Levi gegenüber dem Wärter in Donauwörth schlecht über ihn gesprochen habe, dass Chaim Springer, als seine Mutter starb, ihm Hilfe versprach, aber sein Wort nicht gehalten habe, dass Samson Binswanger ihn im Gasthof von Adelzhausen beleidigt habe, dass die Vorstände Löw Ulmo und Ber Ulmo Schuld daran hätten, dass er nicht in die Stadt Augsburg konnte und der dortige Bürgermeister ihn unter Arrest nahm, dass Seckel Steppach als er beim Tod seiner Mutter die Gebete in der Synagoge sprechen wollte, ihn dafür als unwürdig bezeichnete. Alles stimmte mit unseren eigenen Angaben in den Protokollen überein. Nachdem der Zeuge auch dies unterschrieben hatte, bat er den Kommissar um eine persönliche Unterredung mit Freiherrn von Osterberg. Mit der Erlaubnis von Kommissar Gram und mit Schellen an Händen und Füßen führte ihn der Wärter zu Freiherr von Osterberg, der jedoch den Wärter und seinen eigenen Sekretär bei der Unterhaltung anwesend wissen wollte. Die Ansage des Verleumders lief nun darauf hinaus, dass obwohl die Vorwürfe wegen der Geldfälschung falsch seien und erfunden, wie er eingestand, die Juden allgemein ein übles Volk seien, usw. Er bereue deshalb auch fast schon wieder sein Geständnis, wie er bei anderer Gelegenheit noch offen zugab. Er sagte, mit ein oder zwei Wochen mehr Zeit hätte er eine noch viel bessere und glaubwürdigere Geschichte erzählen können. Doch das Gericht hatte ihn hart rangenommen und ihn ermüdet mit ständigem Nachbohren und ihn so gezwungen zu gestehen.

Einmal sagte der Verleumder dem Wächter nach einer Vernehmung: *„Mein Vater ist der größte Gauner von allen.“* In der getreulichen Niederschrift seiner Äußerung bin ich weniger über ihn empört, der eine solche Beleidigung ausstieß, als über jenen, den sie betraf. Denn sein Vater Samuel Steppach verteidigte während der ganzen Dauer unserer Haft seinen ungehorsamen und gänzlich blamierten Sohn bei jeder Gelegenheit, ganz so als wäre nicht sein Sohn der üble Verleumder gewesen. Trotzdem war natürlich allen bekannt, dass der Vater volles Wissen über das boshafte Treiben des Sohnes hatte. Er war sogar zugegen als dieser, wie oben berichtet, den berüchtigten Brief an den Kantor Isaak Löb Kohn schrieb und mit ihm hernach redete. Wie auch immer, *„der Apfel fällt nicht weit vom Stamm“*, denn Samuel wusste, dass sein niederträchtiger Sohn dem Kantor 11.000 Gulden versprach, für den Fall, dass er die erlogene Banknoten-Schmonzette bestätigen oder einige Christen anstiften würde, selbiges zu tun. Dies war dem ehrlosen Samuel wohl bekannt, wurde von ihm aber verschwiegen, obwohl so viele Leute aus seiner Nachbarschaft zusammen mit ihren Frauen und Kindern darunter zu leiden hatten, ganz zu schweigen vom Herzensleid, vom finanziellen Verlust tausender von Gulden und der zeitweiligen öffentlichen Schande. Samuel wäre es jederzeit möglich gewesen, all dies aufzuklären und so zumindest dazu beizutragen, dass wir wenigstens zum Weihefest schon hätten freikommen können. Doch er unterließ es wissentlich.

Am Schabbat, dem dritten Ijar wurden des nachts auch die Herren Mordechai Buttenheim und Samuel Prager aus Donauwörth hier her gebracht von einem Soldatenkommando aus Koetz (bei Günzburg) und einem Sekretär des Obersten Gerichts. Sie kamen ebenfalls ins Eisenhaus und wurden dort auf Anweisung von Freiherrn von Osterberg sofort von ihren Ketten befreit. Sie waren nun ganz anderer Stimmung als zuletzt in der verrufenen Stadt Donauwörth. Der Verleumder Löb (leidigen Andenkens) hatte Samuel Pragers Verhaftung mit der falschen Anschuldigung bewirkt, er hätte einen gefälschten Ausweis besessen, der sodann aber eigenartiger Weise „verschwunden“ war. Beide befanden sich fast ein Jahr in Haft, ohne dass sie jemals irgendeine Anhörung bekamen.

Am fünften Ijar (16. April), einem Montag, wurde der Verleumder Löb (sein Andenken sei ausgelöscht) wieder ausführlich morgens und nachmittags befragt und bestätigte abermals unsere Unschuld. Er hatte ein weiteres Verhör am folgenden Dienstag und wurde dabei vornehmlich zu seinen Beziehungen zu Freiherr von Macneven befragt, um Aufschluss über das skandalöse Einvernehmen der beiden zu gewinnen. Dienstagnachmittag wurde er mit Kantor Isaak Löb Kohn konfrontiert, der seine Aussage bestätigte, dass der andere ihm 11.000 Gulden versprach, wenn er eine falsche Aussage bezüglich der Banknoten mache oder jemand sonst dazu anstifte, gleich ob Jude oder Christ. Als der Kantor ihm sofort eine Abfuhr erteilte, antworte der Verleumder: „*Es wäre kein Wunder wenn ich mich erschießen oder erstechen würde.*"

Der Verleumder bestritt dies, insbesondere seine Bemerkung bezüglich eines Selbstmordes, und sagte, es sei sowieso egal, da außer seinem Vater niemand sonst anwesend war und dieser nicht gegen ihn aussagen könne. Die unbeabsichtigte Bestätigung der Aussage des Kantors Kohn brachte Kommissar Gram zum Lachen, was peinlich für den Zeugen war.

Mittwochmorgen wurde Löb erneut verhört, was wieder bis Mittag dauerte. Am Nachmittag des folgenden Donnerstag hielt die Kommission keine Anhörung, doch in Übereinstimmung mit drängenden Einlassungen von Lemech Hirsch an das Oberste Gericht, arbeitete sie an der weitmöglichsten Vervollständigung der Unterlagen und empfahl in dieser Stellungnahme unsere baldige Freilassung. Am Freitag dem neunten Ijar (20. April) wurde Seligmann Ulmo aus Kriegshaber nochmal befragt und am folgenden Tag nochmal der Verleumder Löb (dessen Name vergessen sei).

Mittags am Schabbat schlug unsere glückliche Stunde. Auf Anordnung des ehrbaren Gerichts gaben Sekretär Wittmann und der Wärter jedem von uns unser Sachen zurück, die beschlagnahmt worden waren. Am selben Schabbat, dem Ehrentag einer jeden Woche, erreichte uns eine weitere, noch größere Freude, denn unsere Gefangenschaft im Eisenhaus wurde zu einem Stadtarrest umgewandelt, was zur Folge hatte, dass wir uns in innerhalb der Stadt Günzburg frei bewegen durften. Was für eine Erleichterung!

Wir freuten uns auf noch die größere Wonne in einigen Tagen. Was würden wir da erst jubeln!

Zumindest Lemech Hirsch hatte seine Pflicht erfüllt. Er war volle zwei Wochen unermüdlich damit beschäftigt unseren Freispruch herbeizuführen und unternahm alle erforderlichen Schritte beim Obersten Gericht wie auch gegenüber der Hohen Regierung in Wien. Zwischenzeitlich gab es noch weitere Vernehmungen des üblen Verleumders Löb (dessen Name ausgelöscht sei), welche Kommissar Gram täglich vornahm. Ebenso gab es letzte Anhörungen mit den Herren Samuel Prager, Mordechai Buttenheim und den beiden Kronemer Jungs. Doch Moses Rosenmacher und Laser Deggingen, wohl die beiden Armen aus Ellwangen wurden überhaupt nicht befragt. Ihre Freilassung wurde nach Einsicht in die Akten aus Donauwörth angeordnet.

Am Donnerstag dem fünfzehnten Ijar (25. April) erging die Anordnung seitens der Regierung von Preußen zu unserem vollständigen Freispruch, der seitens des ehrenwerten Gerichts umgehend bekannt gemacht wurde. Eine Abschrift davon erhielt jeder von uns, so dass wir, wenn jemals nach unserem Leumund in dieser Angelegenheit befragt, jedem sofort aufzeigen konnten, dass wir ganz und gar frei von jeder Schuld waren. Das amtliche Rechtsurteil des tadellosen Freispruchs wurde auch in verschiedenen Zeitungen abgedruckt. Es bedarf der besonderen Erwähnung, dass die ganze Stadt Günzburg freudig Anteil am Ausgang des Prozesses und an unserer Freilassung nahm.

Diese Zuneigung fiel uns bereits auf, als wir während der letzten Tage noch auf die Stadtgrenzen beschränkt waren, wo wir uns aber frei bewegen konnten. Einfache und höher stehende Leute bekundeten uns ihre Zuneigung, wenn wir ihnen begegneten. Wir versäumten es freilich nicht unseren angemessenen Dank an die hohe Regierung wie auch an das ehrbare Oberste Gericht zu entrichten, die so viel Aufwand mit uns hatten. Besonders herzlichen Dank schuldeten dem Rat Herrn Gram, einem der fähigsten Männer und intelligentesten der Beamten.

Auch der hervorragende Arzt Dr. Grasser sollte hier nochmal dankbar erwähnt werden. Seine Redegewandtheit und seine Geistesgegenwart waren schließlich die Werkzeuge, die den üblen Verleumder dazu brachten, ein Geständnis abzulegen.

Der Segen und die Gnade Gottes sei auf allen, die uns geholfen haben.

Die Gnade Gottes erweist sich täglich aufs Neue. Auch an diesem Tag, dem sechzehnten des Ijar, dem einunddreißigsten Tag des Omer-Zählens, am Ende der einunddreißigsten Woche die wir im Günzburger Gefängnis verbringen mussten. An einem Freitag begann auch uns Unglück, wie es von Anfang an in dieser Megila zur Erinnerung beschrieben ist.

Schließlich will ein jeder von uns Deiner Güte danken, dass wir an diesem Freitag diese Stadt wieder verlassen und ein jeder von uns wieder in sein Heim zurückkehren konnte. Behüte Du uns, Gott, vor weiterem Kummer und nimm unsere bitteren Opfer zur Versöhnung an und gewähre, dass niemals mehr die Bösartigen uns in ihrer Gewalt haben.

Möge Ruhe und Frieden in unseren Häusern verweilen!

Möge Dein Segen auch auf den Häuptern des weit berühmten kaiserlichen und königlichen Rates Herrn Jakob Kaula und auf seiner Schwester der berühmten Frau Kaula sein. Verlängere ihr Glück für viele weitere Jahre und gewähre ihnen eine gesegnete dritte und vierte Generation zu sehen.

Und dies von mir: der Allerhöchste vergelte ihnen allen alles tausendfach!

Pfersee, am Freitag, Neumond des Monats Sivan 5564 (11. Mai 1804)

All dies wurde ehrlich und genau von mir, Ber, Sohn des verstorbenen Jonas Ulmo geschrieben, der ich selbst einer der Gefangenen war.

* * *

Wiener Stadt Banco Zettel über 25 Gulden, aus dem Januar 1800 (wikipedia)

Wiener Stadt Banco Zettel über 5 Gulden, aus dem Januar 1800 (Bank Austria)

Synagoge Kriegshaber, Postkarte um 1910

*Postgasthof „im Zeichen des Mondschein" Zusmar*shausen

Wetterfahne mit Mond-Emblem am Postgasthof in Zusmarshausen

Kerkertür im Keller

ehemaliges Hotel „Goldenes Kreuz" am Marktplatz in Günzburg

„Schwarzer Bär" in Günzburg, 1966 abgebrochen

Ehemals jüdische Häuser in Steppach und der historische Steppacher Brauerei-Gasthof in der Alten Reichsstraße

Unterschriften von *Heinrich Chaim Springer* und *Isaak Ber Levi Sagal* aus Steppach (1826); *Ber Ulmo* (ca. 1815)

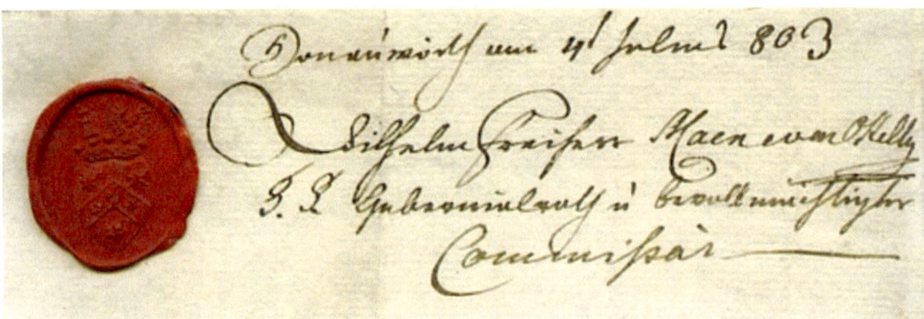

Unterschrift des Freiherrn Wilhelm von Macneven O'Kelly, k.k. Gubernialrat und bevollmächtigter Kommissar

Wohnhäuser von Jakob Obermayer in Kriegshaber (Mitte, rechts),
unten: der Sitz der Beerdigungsgesellschaft (links)

CHRONICLE

OF

BER BERNHARD ULLMANN

1803

Translation by

CARL J. ULMANN

NEW YORK

1928

Titelseite der englischen Übersetzung von Carl J. Ulman aus dem Jahr 1928

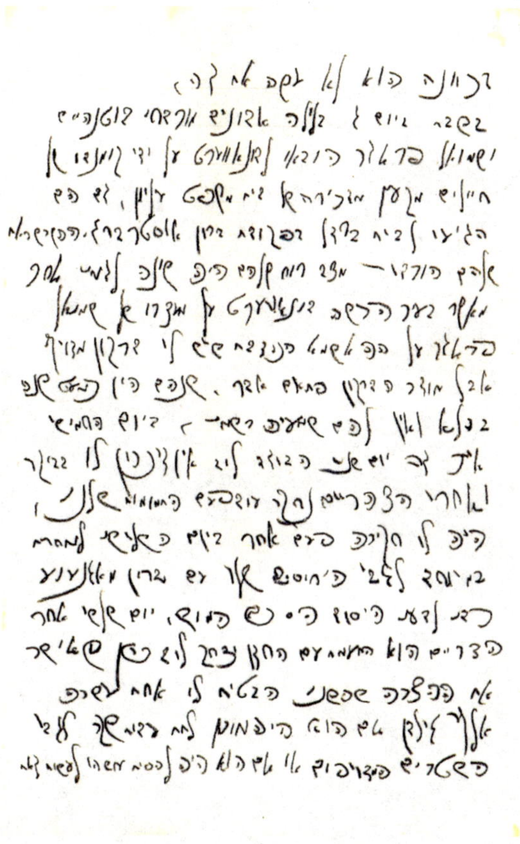

hebräische Handschriftseite (ca. 1820)

Grabstein des Ber Ulmo am Friedhof Pfersee-Kriegshaber (2007)

ehemaliges Ulmo-Haus bei der Synagoge, Leitershofer Straße, Pfersee (Augsburg)

Ehemaliges Eisenhaus in Günzburg, heute ein Wohnhaus

Kuhturm in Günzburg

Stadtturm „Unteres Tor“

Günzburger Schloss

Kolorierte Postkarte vom Pferseer Schloss, um 1910 ein Krankenhaus

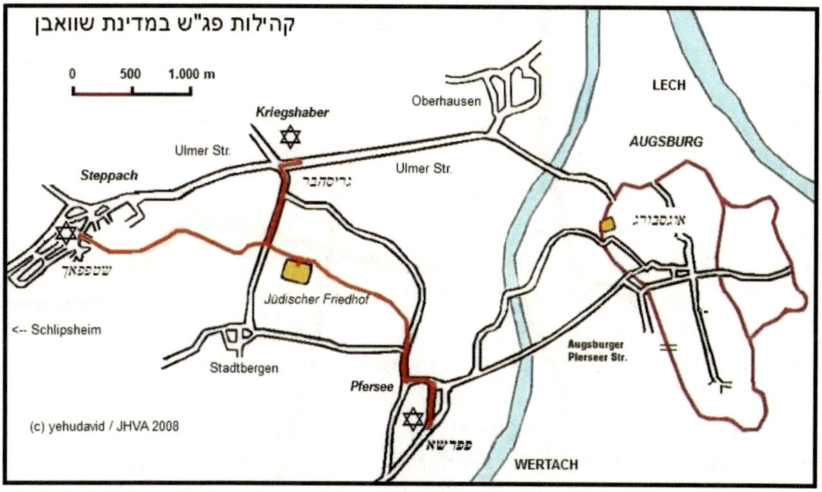

Steppach, Kriegshaber und Pfersee westlich von Augsburg

1. Die Affäre im Spiegel der Wiener Banknoten-Fälschungen

Der Bericht des Ber Ulmo endet mit dem vollständigen Freispruch der zu Unrecht beschuldigten Juden aus Pfersee, Kriegshaber, Steppach, Illereichen, Binswangen, Ichenhausen, usw. Der Verfasser nennt sein Werk selbst *Megila*, ein Begriff mit dem vorallem die Schriftrolle zum Purim-Fest bezeichnet wird. In Anspielung auf den dortigen Bösewicht „Haman“ nennt Rabbi Ulmo Kommissar *Freiherr von Macneven* gelegentlich auch einen solchen „zweiten Haman“, da dessen offenbar grundsätzlich gegen alle Juden und alles Jüdische gerichtete Haltung wohl nicht zu sehr verborgen blieb.

Den historischen Hintergrund der Banknotenfälschungen erwähnt Ber Ulmo nur am Anfang seiner Erzählung, ohne Details oder gar Namen zu nennen. Da es sich 1804 um ein aktuelles, trotz zahlreicher Zeitungsmeldungen aber noch nicht vollständig bekannt gewordenes Geschehen handelte – wesentliche Prozesse fanden erst im Jahr 1806 statt – musste und konnte der Verfasser wohl auch nur bedingt mehr dazu sagen. Er stellt jedoch treffend fest, dass im Zuge der französischen Revolution (und Kriege) in großen Mengen Papiergeld auf dem Markt geworfen und dessen Wert um bis zu 75 % Prozent entwertet worden sei, schließlich: „*In den Jahren nach dem Frieden von 1801 ergaben Ermittlungen des kaiserlichen Ministers in Paris Graf Cobenzl, dass in mehreren Handelszentren Frankreichs ganze Banden Falschnoten herstellten und diese in Umlauf brachten, so dass mehrere dieser Fälscher und ihrer Genossen verhaftet und in das Gefängnis nach Straßburg gebracht wurden, wo eine Untersuchungskommission tagte*.“

Dass die Anschuldigungen an sich bereits allgemein bekannt waren und auch in der Region keiner weiteren Erklärung bedurften, ergibt sich aus der knappen Berichterstattung über die Verhaftungen in Pfersee, Kriegshaber und Steppach am Freitagabend des 23. September 1803. Auch der in Augsburg erschienene „Schwäbische Merkur“ meldete dazu tags darauf lapidar:

„Augsburg, den 24. September – *Gestern Abends wurden in den drei Dorfschaften in der Nähe unserer Stadt, Pfersee, Kriegshaber und Steppach durch ein beträchtliches kaiserliches Regiment von Günzburg beordertes Militär-Kommando mehrere Juden aus der Synagoge geholt und verhaftet und als Arrestanten nach Günzburg abgeführt. Das Gerücht sagt, dass dieser Vorfall auf die bekannte Verfälschungsgeschichte der Wiener Banknoten Bezug habe.*"

Es ist durchaus lohnenswert, sich Berichte zu dieser *bekannten Verfälschungsgeschichte* und den diesbezüglichen Prozessen näher anzusehen, da sie sich auf bekannte Fälle beziehen, die zumindest für die Vorwürfe des Steppacher Denunzianten Vorbild waren. In seinem eigenem Geständnis räumt dieser es auch offen ein. Für das Jahr 1806 lassen sich wenigstens fünf große Prozesse nachweisen, die international organisierte und tätige Fälscherbanden, geheime Druckereien und ihr Vorgehen beim Fälschen und Verteilen falscher „Wiener Banknoten" oder anderer Staatspapiere in vielen Teilen Europas nachvollziehen. Schon der erste Prozess, der sich auf eine von Belgien aus agierende Bande bezieht, stellt klar, dass Löb Steppachs Anschuldigung gegen die Führer der jüdischen Gemeinden seiner eigenen Heimat durchaus plausibel waren, insofern sie teilweise in ein bereits bekanntes ermitteltes Muster passten. Gefälscht wurden überwiegend österreichische Banknoten, volkstümlich „Wiener Bankzettel" oder „Wiener Währung" genannt. Während sie in einem Drittland, hier im noch zu Frankreich gehörenden Belgien hergestellt wurden, verteilte man sie überwiegend in deutschen Gebieten. Dort wurden die falschen Noten von lokalen Händlern und Banken gegen deutsches Geld eingetauscht. Dieser Erlös war sodann der Gewinn der Betrüger, während der Gelackmeierte auf den falschen Scheinen sitzenblieb, im besten Fall. Fiel ihm die Fälschung auch im Nachinein nicht auf, konnte er beim nächsten Geschäft selbst schon als Geldfälscher verdächtig werden. In Zeiten, in welchen Fälscher durchaus mit der Todesstrafe belangt werden konnten, kein kleiner Vorwurf.

Hier nun ein Bericht vom ersten Prozess aus der „*Kaiserlich- und Kurpfalzbairisch privilegierten allgemeinen Zeitung*" vom 3. April 1806 (Seite 376):

„Fabriken von falschen Wiener Bankzetteln und anderen Staatspapieren: *Die Hauptunternehmer der falschen Banknotenfabrik zu Dinant sind Marcus Holy, ein wohlhabender Bijouterie-Händler aus Holicz, Ungarn, gebürtig, in Brüssel seit 12 Jahren ansässig (ein Jude), und Etienne Lefevre aus Paris, als Graveur. Die Errichtung ihrer Fabrik fällt ins Jahr 1802. Zu Anfang dieses Jahres assoziierten sich beide, um eine Handlung von englischen Waren entweder in Köln oder in Frankfurt zu errichten. Sie bezogen unmittelbar darauf die Frankfurter Ostermesse, wo sie mit einem ungarischen oder Fürther Juden namens Salomon Wertheimer (sein wahrer Geburtsort hat nicht entdeckt werden können), in Verbindung traten. Sie begaben sich zusammen in Handelsgeschäften nach Würzburg. Nach Holys und Lefevres Erklärung erfuhr daselbst Wertheimer, dass Lefevre ein geschickter Graveur sei. Er erklärte ihnen sogleich, dass er seit drei Jahren mit einem wichtigen Plan beschäftigt sei, der jetzt ausgeführt werden könne, wenn Lefevre hinlängliche Talente besitze, um ihm nützlich zu sein. Er zeigte ihnen mehrere Wiener Banknoten; Lefevre sollte sie untersuchen, und ihm sagen, ob er ähnliche gravieren könne? Dieser fand das Unternehmen sehr leicht, und versprach, für das Papier und die Form behilflich zu sein. Man gab sich wechselseitig das Wort. Es wurde aus mehreren Ursachen beschlossen, statt der fünf Gulden Bankzettel, die man anfänglich nachmachen wollte, Billets von fünfzig Gulden zu verfertigen. Im Juli 1802 verliessen sie Würzburg wieder. Holy und Lefevre kehrten nach Belgien zurück; Wertheimer musste in Deutschland zurückbleiben, weil er keinen Pass nach Frankreich erhalten konnte. In Lüttich arbeitete Lefevre sechs Wochen lang an der Platte. Von dort begaben sie sich nach Dinant zu einem reichen Bierbrauer namens Bourguignon, mit dem Lefevre ehemals schon falsche Assignaten verfertigt hatte. Lefevre teilte ihm sein Projekt mit, Bourguignon machte ihn mit den Gebrüdern Lahaye, Papierfabrikanten bekannt, die ihm das zur Operation notwendige Papier verfertigten sollten. Man kam über den Preis überrein. Die ersten Proben von Papier fielen ziemlich gut aus. Lefevre übernahm anfänglich selbst den Druck vermittels einer kleinen Handpresse, er ließ aber bald nachher eine größere Presse in Eisen bei einem Lütticher Schlosser verfertigen. Da er Gehilfen zu seiner Arbeit nötig hatte, so wurden zwei Brüder von Bourguignon in das Geheimnis eingeweiht. Man verfertigte zuvorderst nur eine kleine Anzahl von Banknoten im September 1802. Holy begab sich damit nach Frankfurt und Würzburg, wo er sie ziemlich vorteilhaft umsetzte. Unmittelbar nach seiner Rückkunft nach Dinant wurde beschlossen, das schon angelegte Establishment zu vergrößern. Zu diesem Behuf wurde in Bourguignons Haus ein geheimes Zimmer eingerichtet und auf allen Seiten mit einer Mauer umgeben. Die Eingeweihten gelangten von der Bühne des Hause mittels einer Leiter in dasselbe. Hier ward die Druckerei errichtet und die Fabrikation der 50 Guldenbillets mit großem Eifer fortgesetzt. Holy war mit der Direktion der Distributionen beauftragt. Er begab sich deshalb mehrere male auf das rechte Rheinufer. Auf der linken Rheinseite brachte er weniger in Umlauf. Inzwischen negoziierte er eine gewisse Quantität mit Marcus Messel und Heinrich Amschel, zwei reichen Handelsleuten aus Brüssel, mit denen er aber weniger bedeutsame Geschäfte machte, weil sie kaum den dritten Teil des Werts in barem Geld, und ihn zum Teil in Waren bezahlen wollten. Mit desto glücklicherem Erfolg setzte er seine Bankzettel in Deutschland ab. Hier waren der oben erwähnte Salomon Wertheimer, Goldschmidt, ein Courtier von Frankfurt, Meyer Moses, Handelsmann zu Mainz, Gomprich und Leser-Beer, ebenfalls Kaufleute zu Mainz und andere seine Hauptagenten. Zu Frankfurt trugen die jüdischen Banquiers und Handelsleute Isaac Massel, Seligman Strauß, Zacharias Wertheimer, Seligman Hirsch Strauß bedeutenden Handel mit diesen falschen Bankzetteln und brachten sie in ganz Süddeutschland in Umlauf. Die Verbreiter gerieten indessen bald selbst untereinander in Streitigkeiten, weil jeder gerne den Gewinn ausschließlich gehabt hätte. Holy kehrte mehrmals nach Dinant zurück, um die erlösten Summen daselbst mit seinen Gehilfen Lefevre, den drei Brüdern Bourguignon, den Gebrüdern Lahaye und deren Gattinen zu teilen, und um sich zugleich neue Transporte von Banknoten zu holen. Von dort aus schickte er mit der Post mehrere Banknoten mit dergleichen falschen Staatspapieren gefüllte Pakete an Wertheimer und andere seiner Agenten. Eines derselben wurde in Mainz, ein anderes zu Wertheim in Franken, aufgefangen und geöffnet.“*

Der Bericht der amtlichen Zeitung zum ersten der Prozesse lässt gar keinen Zweifel daran, dass Juden an der Planung, Ausführung und der Verteilung gefälschter *Wiener Bankbillets* maßgeblich beteiligt waren. Die seit dem Jahr 1802 tätige Brüsseler Bande war jedoch kein reines und auch nicht mal ein überwiegend jüdisches Unternehmen, sondern eine christlich-jüdische Kooperation. Trotzdem nennen Berichte natürlich nur einen Juden ausdrücklich einen solchen, während der eigentliche Fälscher *Etienne Lefevre* wie auch zahlreiche andere Beteiligte natürlich nicht als *„der Christ …“* vorgestellt werden. Offensichtlich überließ die Bande aber die Verteilung der Falschnoten an zentralen Marktplätzen wie Frankfurt dann doch weitgehend jüdischen Händlern, die dort zum einem präsent, zum anderen vertraut waren mit den Verhältnissen. Es deutet aber nichts darauf hin, dass nicht auch Juden unter den Geschädigten waren, denen man falsche Billets oder Assignaten genanntes franzosisches Papiergeld verkaufte. Unter den genannten Namen taucht auch *Zacharias Wertheimer* auf, der freilich bestens als direkter Verwandter schwäbischer Juden in den Augsburg vorgelagerten österreichisch-schwäbischen Gemeinden geläufig ist. Im Artikel ist auch davon die Rede, dass die genannten Händler die gefälschten Noten in ganz Süddeutschland in Umlauf gebracht hätten. Den Prozessberichten gemäß wurden die Falschnoten ganz überwiegend an bedeutenden Handelsplätzen umgetauscht, eben dort wo es auch größere Wechselstuben gab. Sollte also ein

Zacharias Wertheimer – übrigens nicht unmittelbar verwandt mit dem gleichfalls genannten und aus Frankfurt stammenden Salomon Wertheimer – in der schwäbischen Region solche Noten verkauft haben, dann sicher eher in Augsburg, wo ihm womöglich Verwandte oder befreundete Wechsler und Geschäftsleute helfen konnten, wissentlich oder auch nicht. Die schwäbischen Dörfer Pfersee, Kriegshaber und Steppach waren alles andere als attraktive Handelsplätze. Lediglich ihre direkte Nähe zu Augsburg, machte die Anschuldigung des Löb Steppach einigermaßen einleuchtend.

Zwei Tage später, am 5. April 1806 (S. 380) erschien im selben Amtsblatt die Fortsetzung des Prozessberichts:

„Es scheint jedoch, dass die Hauptunternehmer der Fabrik mit dem Gewinn, den sie aus dem Verkauf der Bankzettel zogen, nicht ganz zufrieden waren, und dass sie in ihre Unterdistributeurs, zum Teil wohl nicht zu Unrecht, Mißstrauen setzten. In einer neuen Konferenz zu Dinant wurde einmütig eine neue Emission von 6 bis 700 Fünfzig-Gulden-Billets beschlossen, womit Holy sich nach Frankfurt begeben sollte, um dort sicherere und redlichere Agenten als er bisher gehabt hatte zu suchen. Inzwischen erneuerte er dennoch in Frankfurt seine Verbindungen mit Meyer Moses, Goldschmidt, Wertheimer und anderen. Mit dem letzteren machte er verschiedene Reisen nach Würzburg, wo sie an den jüdischen Handelsmann Forchheimer, einen guten Abnehmer fanden. Bald nachher machte ein ehemaliger französischer Offizier, nachheriger Kaffee-Wirt in Mainz, namens Biliard, gemeinschaftliche Sache mit ihnen. Er begleitete sie nach Ansbach, Nürnberg, Erlangen und Fürth, wo sie mit dem Handelsmannn Falkenauer bedeutende Geschäfte machten. Holy und Biliard begaben sich bald nachher auf verschiedene Reisen in die österreichischen Erbstaaten, wo sie unter der Hand viele falsche Bankzettel in Umlauf brachten. Der erste bereiste einen Teil von Ungarn, wo er aber durch andere Juden, mit denen er Geschäfte gemacht hatte, verraten wurde, und nur mit großer Not der Gefangenschaft entgehen konnte. Es gelang ihm jedoch über Prag

nach Frankreich zurückzukehren. Inzwischen waren die Fünfzig-Gulden-Banknoten vom Wiener Hof außer Umlauf gesetzt worden. Dieses Ereignis veranlasste eine Zusammenkunft der Hauptunternehmer der Fabrik von Dinant zu Aachen. Sie beschlossen, auf den ihnen von den Gebrüdern Messel, Amschel und Goldschmidt von Frankfurt gegebenen Rat, sich nunmehr ausschließlich mit der Fabrikation von großen Quantitäten Wiener Zehn-Gulden-Banknoten zu beschäftigen, unmittelbar nachher aber russische Staatspapiere zu fabrizieren, wozu die Gebrüder Lahaye das Papier verfertigen wollten. Da besonderer Umstände halber, die Fabrikation der Zehn-Guldenbillets noch einige Zeit aufgeschoben werden musste, weil die dazu erforderlichen Platten, Pressen, usw. noch nicht vollendet waren, so begaben sich Lefevre und Bourguignon auf einige Zeit nach Holland, wo sie einstweilen falsche Kartenstempel verfertigten. Sie hatten sich zu diesen Behuf in Haag eine Presse von Holz verschafft. Auch dieses Unternehmen gelang zum Teil. Lefevre wollte hierauf nach Amsterdam seine noch vorrätigen falschen Fünfzig Guldenbillets absetzen, konnte aber damals (im Jahre 1803) keine Liebhaber mehr dazu finden. Dagegen kaufte er zu Amsterdam die nötigen Materialien, um falsches holländisches Geld zu verfertigen. Da es ihm aber nicht gelang, die Metalle gehörig zu amalgamieren, so scheiterte dieses Projekt. Er war im Begriff, von Amsterdam nach Belgien zurückzukehren, als er, auf Requisition der französischen und österreichischen Regierung in Verhaft genommen und nach Straßburg transportiert wurde. Holy wurde auf einer Reise durch Frankreich, zu Lureuil, ebenfalls arretiert. Die umständlichen Geständnisse dieser beiden Verfälscher veranlassten die Entdeckung aller Geheimnisse der Dinanter Fabrik, so wie die Verhaftnehmung ihrer Mitschuldigen Bourguignon, Lahaye, und beinahe aller derjenigen, welche ihre Banknoten in Deutschland in Umlauf gesetzt hatten, die sämtlich von ihren Regierungen nach Straßburg ausgeliefert wurden. Salomon Wertheimer war schon früher zu Donauwörth, als in die zu Günzburg instruierte Verfälschungsaffaire von Wiener Banknoten verwickelt, in Verhaft genommen worden.“

Wir erfahren von einem gut organisierten, weit verbreiteten Netz von Fälschern und Verteilern und zuletzt auch davon, dass jener Salomon Wertheimer aus Frankfurt bereits wegen der in Günzburg untersuchten Affäre, über die Ber Ulmo als falsch beschuldigter Angeklagter ausführlich berichtet, in Donauwörth in Haft saß, wo Kommissar Macneven die Ermittlungen führte. Es ist nicht anzunehmen, dass Ber Ulmo, der sich zunächst völlig im Unklaren war, weshalb er selbst nun verhaftet wurde, Details von den anderen Verhaftungen an verschiedenen Orten wusste, jedoch ist ersichtlich, dass er und die anderen Juden aus österreichisch Schwaben wohl nur im Zuge der umfangreichen anderen Ermittlungen durch die falschen Anschuldigungen des Verleumders Löb Steppach plausibel in Verdacht geraten konnten. Aus Donauwörth erfährt er nur wenige der Aktivitäten seitens des Kommissars Macneven und seines Helfers Löb. Offenbar erhob der dort Inhaftierte Salomon Wertheimer, der ansonsten in den Prozessen 1806 aussagt, auch während der Ermittlungen im Vorfeld keine Anschuldigungen gegen Ber Ulmo und die anderen Inhaftierten aus Pfersee, Kriegshaber und Steppach. Da in ihrem Fall nie eine formelle Anklage erhoben wurde und es auch nie zu einem Prozess kam, ist der Bezug hier einige der wenigen Referenzen, die öffentlich bekannt geworden sind.

Am 6. April 1806 schließt die *Kaiserlich- und Kurpfalzbairisch privilegierte allgemeine Zeitung* (S. 384) ihren Bericht vom ersten Straßburger Prozess mit weiteren Details:

„Die Deklarationen von Lefevre enthüllten mehrere andere Verfälschungen. So erklärte er, dass er ehemals mit Emanuel Bouguignon und einigen anderen Personen zu Dinant eine falsche Assignatenfabrik angelegt hatte, in welcher eine ansehnliche Quantität Assignaten von 5 und 1.000 Franken verfertigt wurden. Einer der Mitunternehmer, Nail, war arretiert, und zu Paris guillotiniert worden. Dieses Ereignis gab der Assignatenfabrik zu Dinant den Todesstoß. Lefevre begab sich nach Holland, wo er eine Zeit lang in einer holländischen Legion diente, und von dort nach

England. Hier trat er mit Richard Welsh in Verbindung, und verfertigte mit ihm falsche englische Banknoten von 1, 2, 5 und 10 Pfund Sterling. Sie setzten ihr Unternehmen in Belgien fort, liessen in Antwerpen neue Platten machen, und die Banknoten in Brüssel drucken. Richard Welsh hatte sich verschiedene geschickte Agenten zu verschaffen gewusst, welche diese Banknoten in Belgien und im nördlichen Deutschland in Umlau brachten. Holy war einer derselben. Bei einem nachmaligen zweiten Aufenthalt in Holland trat Lefervre in Verbindung mit einem gewissen Allain (der ebenfalls nach Straßburg gebracht wurde). Allain galt für einen der geschicktesten Verfälscher in Europa. Er war mit an der Spitze der falschen Bankbillitsfabrik zu Altona und der Fabrik von falschen preußischen Friedrichsd'or gestanden. Lefevre und Allain legten in Amsterdam eine Falschmünzerei an, und beschäftigten sich, nebst einem aus England gekommenen Juden, David, und einem Graveur von Amsterdam, Lyon, mit der Organisation einer neuen englischen Banknotenfabrik, die aber nicht zustande kam. Beide waren im Begriff, die Papiere der holländischen, ostindischen Kompagnie nachzumachen, und eigene Fabriken für spanische und russische Papiere, sowie für Karten, die für die Vorgebirge der guten Hoffnung bestimmt waren, anzulegen, als Lefevre arretiert wurde. Allain hat in seinen Verhören alle diese Aussagen bestätigt, und noch nähere Umstände angegeben. Sämtliche erwähnten Personen, die direkten oder indirekten Anteil an der Fabrik von Dinant gehabt haben, sind in diesem ersten Prozess begriffen. Ihre Zahl beläuft sich auf 31, wovon jedoch fünf entkommen sind. Gegen diese, darunter einer der Brüder Lahaye und Biliard) sind die gewöhnlichen Kontumazurteile ergangen.“

Nunmehr erscheinen die anfangs genannten Fälscher als ausgemachte Profis in ihrem Metier. Sie betreiben Druckereien an mehreren Orten und fälschen Münzen und Banknoten verschiedener Sorten. Von den jüdischen Angeklagten – meist als solche begrifflich hervorgehoben – war, abgesehen von Holy keiner an der Planung noch an der Ausführung beteiligt, sondern vor allem als Gehilfen damit betraut, die falschen Noten in Umlauf zu bringen. Die Anführer der Fälscherbande, scheinen ihnen allgemein wenig und ihnen insgesamt nur wenige der illegalen Geschäfte anvertraut zu haben, weshalb sie nur bei einem Teil der genannten Transaktionen in Erscheinung treten.

Ein weiterer, eigener Artikel in derselben Ausgabe nimmt zum Ausgang und zu den Urteilen des ersten Straßburger Fälscherprozess Stellung:

„Straßburg, 1. April – *Der hiesige peinliche Spezialgerichtshof hatte seit einigen Tagen die Debatten in der Wiener Banknoten-Affaire fortgesetzt. Der kaiserliche Generalprokurator resümierte den Prozess, und requirierte endlich die Befragung der sämtlichen Angeklagten. Die von ihm aufgestellten Grundsätze fanden starken Widerspruch, und wurden hauptsächlich von Herrn Raspieler, Advokaten des Oberappelationsgerichtshofs zu Kolmar, der in dieser Sache plaidierte, mit vieler Energie bekämpft. Nachdem endlich die Debatten geschlossen waren (die ungefähr neun Tage gedauert hatten), so wurde heute Mittag, nach einer sehr langen Beratschlagung des Gerichtshofs, das definitive Urteil, von dem weder Appellation noch Verwendung beim Kassationsgerichtshof statt findet, dahin gesprochen, dass 1. Holy, Lefevre, die drei Gebrüder Bourguignon, die Gebrüder Lahaye und deren Weiber überwiesen erklärt sind, die Fabrikation der falschen Bankbillets zu Dinant getrieben zu haben, und daher die Bourguignongs und Lahayes zu fünfzehnjähriger Kettenstrafe, zur Brandmarkung und zur Ausstellung an den Schandpfahl verurteilt, den Angeklagten Holy und Lefevre, in Ansehung der wichtigen Entdeckungen, die sie gemacht haben, in Gemäßheit des peinlichen Gesetzbuchs, ihre Strafe erlassen wird, jedoch dergestalt, dass Lefevre, als ein äußerst gefährlicher Mann, der obersten administrativen Behörde übergeben werden soll, damit die nötigen Polizeimaßregeln in Ansetzung seiner getroffen werden. 2. Marcus Messel und Henry Amschel, beide Banquiers von Brüssel, und wie man versichert, Millionaires,*

Bresson, ehemaliger Offizier und sodann Lehrer der Mathematik, sind überwiesen erklärt, die Distribution der Banknoten, in Ansehung derer sie wussten, dass sie falsch waren, besorgt zu haben. Die beiden ersten wurden daher ebenfalls zu fünfzehnjähriger Kettenstrafe, Brandmarkung und Ausstellung an den Schandpfahl verurteilt, derletzterer wegen mildernder Umstände nur zu zweijähriger Eintürmung. 3. Die Frankfurter Kaufleute Zacharias Wertheimber, Strauß, Seckle-Strauß, u.a., nebst Salomo Wertheimer und den übrigen Deutschen werden in Anklagezustand an ihre natürlichen Richter geschickt. 4. Die übrigen Deutschen, welche weitläufige Erklärungen gegeben haben, die als wahrhaft befunden worden sind, haben Erlassung der gesetzlichen Strafe erhalten. Die Vollziehung des Urteils bleibt suspendiert, bis der Kassationshof über einen Inzidentpunkt, in Betreff der Rekusation desjenigen Richters, der den Prozess instruiert hat, gesprochen hat."

Die Hauptschuldigen, darunter auch die beiden Brüsseler Bankiers, erhalten eine fünfzehnjährige Kettenhaft, der eine strafverschärfende Brandmarkung und öffentliche Zurschaustellung am Schandpfahl vorausgeht, während der ehemalige Offizier mit zwei Jahren Turmhaft davon kommt. Dem geständigen und kooperativen Marcus Holy wird seine Strafe erlassen, während der als äußert gefährlich eingestufte Lefevre zunächst mal den Behörden übergeben wird, die weitere polizeiliche Maßnahmen beschließen sollen. Die deutschen Angeklagten, darunter auch die genannten jüdischen Wechselhändler und der Helfer Salomon Wertheimer werden an das zuständige deutsche Gericht in Frankfurt überstellt.

Über den noch im selben Monat beginnenden zweiten Straßburger Prozess, der sich mit einer anderen Bande von Fälschern, dieses mal von Marseille aus operierend, befasst, berichtet Anfang Mai 1806 die „Königlich-Baierische Staatszeitung von München": Straßburg, den 30. April – *Hier folgt eine Übersicht des 2ten Protokolls in Betreff der falschen Wiener Banknoten: Die Regierung hatte Nachricht vom Dasein einer Fabrik von falschen Wiener*

Banknoten zu Marseille erhalten. Mehrere Personen waren deshalb zu verschiedenen Zeiten in Verhaft genommen worden, ohne dass man jedoch die Quelle des Verbrechens entdecken und den Urhebern auf die Spur kommen konnte. Man wusste, dass die Städte Frankfurt und Leipzig der Sammelplatz waren, wohin die einen ihre falschen Banknoten brachten und wo die anderen sie abholten, um sie in den Erbstaaten des deutschen Kaisers in Umlauf zu bringen. Der Wiener Hof, unterstützt vom französischen Hofe, tat alles, was sein Interesse ihm vorschrieb, um die Schuldigen zu entdecken. Das Betragen der Gebrüder Müller von Marseille, die zu verschiedenen malen ganz Deutschland durchreist und daselbst auf mehreren Messen, Banknoten verkauft hatten, wurde verdächtig. Der Verdacht, der sich gegen sie erhoben hatte, fing sich an aufzuklären, als im September 1802 ein gewisser Dattrin, Reise-Gefährte der Gebrüder Müller, dem Herrn Löhr, Bankier von Leipzig für 5.150 Gulden falsche Wiener Bankbillets verkaufte. Man wagte es jedoch nicht, diesen Dattrin in Verhaft zu nehmen, weil er eine geschickte Art zu hintergehen gewusst hatte. Im Augenblicke, da Löhr dem Dattrin ankündigte, dass seine Banknoten falsch befunden waren, spielten die Gebrüder Müller und Dattrin die Rolle von Leuten, die selbst betrogen worden seien. Sie versprachen denjenigen, der ihnen diese Banknoten verkauft hatte, zu verfolgen, und ihn der Justiz zu überliefern. Sie machten dem Herrn Löhr freundschaftliche Besuche, und reisten in der Nacht, unter dem Vorwand, dass sie die größte Eile hätten, um den Verkäufer dieser Billets zu entdecken. Nach ihrer Ankunft in Straßburg meldeten sie dem Herrn Löhr, dass sie so glücklich gewesen wären, in Frankfurt denjenigen zu finden, von dem sie die falschen Banknoten erhalten hätten; dass ihnen dieses umso lieber sei, als sie durch einen, auch nur unbestimmten Verdacht hätten kompromittiert werden können. Da die Gebrüder Müller immer mit falschen Pässen und unter falschen Namen reisten, so war es sehr schwer, ihnen auf die Spur zu kommen, und es wäre ihnen gelungen, Deutschland noch länger mit ihren falschen Banknoten zu überschwemmen, wenn nicht Johann Georg Müller durch einen Handlungskommiss zu Frankfurt als ein Reisegefährte von Dattrin erkannt worden wäre, der zuvor selbst falsche Banknoten zu Leipzig umgesetzt hatte. Von nun an wurden die Gebrüder Müller nicht mehr aus den Augen verloren. Der Wiener Hof wandte sich an die französische Regierung, um nun sowohl ihre Verhaftungen, als auch die Arretierung des Dattrin zu erhalten.

Der Großrichter Justizminister überschickte durch ein Schreiben vom Pluviose 11 die Befehle der Regierung dem Staatsrat-Präfekt Shee nach Straßburg. Der Großrichter empfahl, nichts zu vernachlässigen, um sich der Gebrüder Müller und Dattrins zu versichern, die nötigen Vorsichtsmaßregeln zu ergreifen, um ihre Papiere zu nehmen, und sie allenthalben zu verfolgen, wohin sie sich begeben könnten. Der Präfekt ließ sie am 14ten Pluviose 11 zu Straßburg zu Verhaft nehmen. Der Großrichter lud durch ein Schreiben vom 20sten Pluviose den Präfekt ein, ihm die Verhöre der Gebrüder Müller und alle Nachrichten zu übermachen, die er sich über den Zweck ihrer und die Verbindungen, welche er sich mit anderen Personen, die bereits in dieser Stadt als Urheber und Teilnehmer an der Fabrikation der falschen Bankbillets von Wien arretiert worden waren, verschaffen könnte. Der Präfekt gab hiervon Nachricht. (Einleitung des Anklage-Aktes) – Die Instruktion dieser wichtigen Affäre wurde hierauf, auf Befehl der Regierung, dem Niederrheinischen peinlichen Spezial-Gerichtshof übertragen, auf drei Jahre mit besonderer Tätigkeit und unermüdetem Eifer. Es erhellt aus dieser Information und den Debatten, dass in Marseille eine Fabrik von Wiener Banknoten von 100 Gulden (vom Jahre 1796), sowie von 50 und von 10 Gulden (vom Jahre 1800) angelegt war, und dass auch eine von 5 Guldenbillets zu Mainz errichtet werden sollte. An der Spitze der Marseiller Fabrik, wo 50-Guldenbillets verfertigt wurden, befanden sich die Gebrüder Gerson, Tissot, André, Franz Joseph Müller, Johann Georg Müller und Jakob Joseph Müller. Die Ausgabe geschah in Deutschland, hauptsächlich zu Frankfurt und Leipzig, teils direkt durch die Gebrüder Müller, teils durch mehrere Personen von Mainz und besonders durch Frankfurter jüdische Handelsleute und Courtiers. Auch in anderen

Städten Deutschlands, unter anderem in Nürnberg, wurden dergleichen Billets in Umlauf gebracht. Mit den österreichischen Erbstaaten unterhielten sich die Fabrikanten keinen direkten Verkehr, es scheint aber, dass von Frankfurt falsche Banknoten dahin geschickt wurden. (Von dem ersten Prozess ist schon längst Nachricht gegeben worden)".

Die (christlichen) Gebrüder Müller aus Marseille organisierten ihre Fälschungen und den Handel damit nach dem bereits im ersten Prozess um die Bande aus Dinant bekannt gewordenem Schema. Österreichische Noten wurden in Frankreich gefälscht und in deutschen Landen in Umlauf gebracht. Ähnlich fielen auch die Urteile über die Marseiller Fälscher aus, die gleichfalls mit langjährigen „Kettenstrafen", usw. bestraft wurden. Interessant am Rande, weil zeittypisch, ist auch die Datierung im Artikel, die den Vorgaben des französischen Revolutionskalenders folgt. Der zitierte Monat *Pluviose* (von lat. pluvia „Regen", also in etwa „Regenmonat" entsprach dem Zeitraum vom 20. Januar bis 18. Februar), während sich die Zahl „11" nach der Monatsnennung auf das Jahr nach der Einführung des Kalenders 1795 bezieht. Die bereits genannte *Kaiserlich- und Kurpfalzbairisch privilegierte allgemeine Zeitung*, berichtet in ihrer Ausgabe vom 29. Juli 1806 sodann auch bereits vom fünften Straßburger Prozess, der sich dieses Mal mit einer weiteren Fälscherbande bei Koblenz, das 1794 von Franzosen erobert, von 1801 bis 1814 formell zu Frankreich gehörte:

Verfälschung von Wiener Banknoten und anderen Staatspapieren – Fünfter Prozess – Dieser Prozess betrifft die Fabrik von Luzerath bei Koblenz im Rhein-Mosel-Department. Johann Baptist Trapet, ehemaliger Sekretär der Maixle von Ulmen, wird im Anklageakt als Haupt derselben und zugleich als äußerst gefährlicher Mensch geschildert, der seit dem Anfang der französischen Revolution mehrere Gattungen von falschen Staatspapieren verfertigte, oder zu deren Verbreitung beitrug. Zwei seiner Mitangeklagten sind seine Brüder Wilhelm Trapet, Praktikant zu Koblenz, und Klemens Trapet, beim Brücken- und Straßenwesen zu Köln angestellt. Als Distributeurs der von Johann Baptist fabrizierten falschen Wiener Bankzettel sind in Anklagsakt hauptsächlich Raphael Joseph und Baruch Levy, Handelsleute von Koblenz und David Aaron, Handelsmann von Mainz genannt. J.B. Trapet, Chef der Luzerather Fabrik, hatte sich zu Anfang der Revolution mit mehreren Emigranten in Verbindung gesetzt, und einen der intrigantesten derselben, den Chevalier St. Maurice nach England begleitet. Letzterer war, neben dem Abbe Salonne und mehreren in London befindlichen Ausgewanderten, vorzüglich geschäftig gewesen, daselbst falsche Assignatenfabriken zu errichten. Zu diesem Ende hatte man mehrere Personen aus Deutschland kommen lassen, welche nebst Engländern bei diesen Fabriken angestellt wurden. Ein gewisser Herr Weber aus Trier führte die Direktion über die von Salonne und St. Maurice angelegte Assignatenfabrik, wozu Salonne drei besondere Häuser in London gemietet hatte. Es wurde daselbst eine außerordentliche Menge falscher Assignaten verfertigt. J. B. Trapet setzte einen Teil derselben mit dem Sohn von St. Maurice in Süddeutschland um. Auf die Requisition des Magistrats von Ulm wurde er in Frankfurt verhaftet, wo er sich für seinen Bruder Klemens ausgab, und sich endlich durch die Flucht zu retten wusste. Als die Assignaten außer Kurs gesetzt waren, beschäftigte er sich für eigene Rechnung mit der Verfertigung anderer Staatspapiere; unter andern auch englischer Banknoten, deren er eine bedeutende Anzahl in Umlauf zu setzen wusste. Auch hatte er an einer Fabrik von falschen Louisd'or Anteil. Von der Errichtung einer Fabrik von falschen russischen Staatspapieren (zu Fünf-Rubelstücken) ward er nur durch seine Verhaftnehmung abgehalten. An näheren Notizen über die Organisation von Trapets Wiener Banknoten-Fabrik fehlt es gänzlich; ihre Existenz scheint jedoch ausgemacht. Übrigens konnte er nicht leugnen, eine beträchtliche Anzahl von Bankzetteln in Umlauf gebracht zu haben, wenn er auch gleich von deren Verfertigung nichts wissen wollte. Merkwürdig ist, dass lange Zeit auf beiden Rheinufern allgemeine Gerüchte von Machinationen der Gebrüder Müller in Umlauf waren; diese hatten aber ihre Maßregeln so zweckmäßig getroffen, dass ihnen weder die französischen noch die deutschen Behörden auf die Spur kommen konnten. Auch nachdem die ersten Verhaftnehmungen der Wiener Banknotenverfälscher statt gehabt hatten, wurden während der früheren Information die Gebrüder Trapet als geschickte Graveurs und gefährliche Verfälscher bezeichnet. Der schon aus früheren Untersuchungen bekannte Markus Holy von Brüssel gab die ersten Notizen über Trapet. Er erklärte, von Salomon Wertheimer, einem seiner untergeordneten Distributeurs, benachrichtigt worden zu sein, dass die Gebrüder Trapet ihm ihre Adresse gegeben hatten. Wertheimer versicherte ihn sogar, als sie Streit hatten, dass Trapet ein weit geschickterer Graveur als selbst Lefevre sei, und dass er sich nur an jenen wenden dürfe, um sehr gut von ihm bedient zu werden. Wertheimer selbst erklärte beim Verhör, dass er von dem Handel der Trapets mit falschen Assignaten und falschen Louisd'or genaue Kenntnis habe. Raphael Joseph hatte Holy ein russisches Bankbillet gezeigt, und ihn gebeten, ihm ähnliches blaues Papier zu verschaffen, weil er (an den Gebrüdern Trapet) zwei geschickte Graveurs habe, welche russische Billets verfertigen wollten, wenn man ihnen das nötige Papier dazu liefere. Wertheimer hatte auf seinen Reisen den einen Trapet (Wilhelm), der ihm empfohlen worden sei, zu Mainz aufgesucht, um bei ihm eine Platte für falsche Wiener Banknoten zu bestellen. Dieser gab ihm einen Empfehlungsbrief für seinen Bruder J. B. Trapet zu Luzerath. Auf diese verschiedenen Indizien hin wurden die Gebrüder Trapet arretiert und in Mainz provisorisch verhört. Allein man setzte sie wieder in Freiheit, weil man keine hinreichenden Beweise gegen sie hatte. Inzwischen erhellte aus dem zu Straßburg fortgesetzten Informationen, dass noch mehrere Fabriken von falschen Wiener Banknoten existierten, welche man bis dahin noch nicht hatte entdecken können, und dass die Gebrüder Trapet dabei eine Hauptrolle spielten. Durch die nacheinander folgenden Erklärungen mehrerer Angeklagten war endlich die Justiz so glücklich, einige wichtige Aufschlüsse zu erhalten, welche die Schuldbarkeit der Brüder Trapet bewiesen. Jacques Beer und seine Brüder, Goldsmith von Frankfurt u.a. leisteten in dieser Sache sehr gute Dienste. Die drei Brüder Trapet wurden neuerdings verhaftet und ihres Anteils an der Distribution von falschen Wiener Banknoten in kurzem überwiesen.

Auch bei den Trapets handelt es sich wieder um Gebrüder, die sich für ihr illegales Gewerbe zahlreiche Verbündete suchten, vorallem was sodann die Verteilung der gefälschten Papiere und Münzen anbetrifft. Einmal mehr liegt der Ausgangspunkt ihrer Aktivitäten auf französischem Hoheitsgebiet, zu dem damals auch das *Rhein-Mosel-Department* gehörte. Nach zeitweiligen Fälschungen in England, deren Produkte trotzdem in Deutschland in Umlauf gebracht wurden, fertigen sie neben einigen anderen Staatspapieren und Assignaten auch die aus anderen Prozessen bereits bestens bekannten Wiener Bankbillets oder machten mit diesen zumindest weitere einschlägige Geschäfte.

Man mag es bemerkenswert finden, dass in einigen Fällen die ermittelten und vor Gericht überführten Fälscherbanden überhaupt Christen und Juden mitunter eng zusammenarbeiteten. Eine zumindest teilweise Anteilnahme von Juden an diesen Delikten ist ganz unstrittig. Auch wenn in einem Fall dieser jüdische Anteil signifikanter erscheint, ist doch in keinem einzigen auch nur von einer überwiegend oder gar gänzlich „jüdischen“ Verschwörung die Rede. Letzteres war jedoch Gegenstand der Anschuldigungen des Denunzianten Löb, der als Gefangener in Donauwörth behauptete, diese und jene Juden betrieben in seinem Heimatort Steppach oder in den benachbarten Orten Pfersee und Kriegshaber oder noch in anderen damals schwäbisch-österreichischen Dörfern selbst eigene Druckereien zur Herstellung von gefälschten Banknoten. Es ist leicht vorstellbar, dass vor dem historischen Hintergrund der anderweitigen Ermittlungen, in welche wie in Frankfurt am Main auch angesehene Wechselhändler wie Zacharias Wertheimer verwickelt waren, das Vorkommen einer rein jüdischen Fälscherbande vor den Toren der einst so angesehenen Freien Reichstadt Augsburg, welche als

Handelsort noch immer weit berühmt war, für manche der Ermittler eine geradezu verführerisch reizvolle Idee war, der sodann auch bereitwillig Glauben geschenkt werden wollte. Tatsächlich war diese Darstellung jedoch nur der Einbildungskraft eines Kleinkriminellen entsprungen, der sich wegen zahlreicher persönlicher Kränkungen an den ansonsten ehrlichen Führern der Gemeinden rächen wollte. Keine einzige der Anschuldigungen war gerichtsverwertbar und alle, sich über sechs Monate erstreckenden Ermittlungen resultierten in nichts, außer im kleinmütigen Freispruch aller Beschuldigten. Die Freilassung der unschuldig verhafteten Juden aus österreichisch Schwaben wurde, wie bereits ihre Verhaftung nur in einer Kleinmeldung der Kurpfalzbairischen Münchner Staatszeitung vom Sonnabend, dem 5. Mai 1804 (S. 439) der Öffentlichkeit mitgeteilt: „Augsburg, den 28sten April. *Die zu Günzburg arretiert gewesenen Juden aus Kriegshaber und Pfersen, welche der Bankozettel-Verfälschung beschuldigt wurden, sind unschuldig erklärt, und frei gestern von da in die Arme ihrer Familien in ihre Heimat zurückgekehrt. Der boshafte Denunziant (ebenfalls ein Jude) sitzt noch, und dürfte keinen guten Lohn zu erwarten haben. Die Befreiten überströmen von Dank für ihren Retter, den Oberamtsrat Gram.*“

Die *Augsburgische Ordinari Postzeitung* wartete noch ein weiteres halbes Jahr bis Anfang November, ehe sie, in Ber Ulmos Worten „in gemäßigter Eile“ zum Vorfall Stellung nahm:

„Augsburg, den 6. November – *Am 23. und 24. September voriges Jahr wurden bekanntlich mehr als 20 jüdische Familienväter aus den Dörfern Steppach, Pfersee und Kriegshaber / unweit Augsburg) eingezogen, und nach Günzburg transportiert, indem sie laut der Aussage eines Denunzianten kaiserlich königliche Staatspapiere verfälscht und verbreitet haben sollten. Diese sind sämtlich ohne Ausnahme von der örtlichen Markgrafschaft Burgauischen Regierung und dem Oberamt Günzburg schon am verflossenen 26. April als unschuldig auf freien Fuß gesetzt, und nun am 23. Oktober durch das höchste Appellationsgericht zu Wien von den ihnen angeschuldigten Verbrechen der Verfälschung kaiserlich königlicher Kreditpapiere vollkommen freigesprochen und dabei verordnet worden, dass der mutwillige Denunziant, Löb Ullmann aus Steppach, der durch seine falschen Aussagen so viele Familien in Jammer und Elend gestürzt, auch bereits wegen Raub und Diebstahl zu Donauwörth seit einiger Zeit gefangen sitzt, den ordentlichen Richtern zu weiterer Inquisition verabfolgt werden solle. Der ist ein Bursche von 22 Jahren und wird seiner wohl verdienten Strafe nicht entgehen. – Obige Anzeige glaubten wir jenen gekränkten Familien schuldig zu sein.*"

Die Mitteilung verschweigt allerdings, dass der zuvor schon in Donauwörth einsitzende Denunziant mittels seiner Anschuldigungen sehr wohl aus der Haft freikommen konnte und unterlässt es zudem Fragen zum Hergang zu stellen. Ohne die Unterstützung durch seinen Kommissar Macneven wäre der Denunziant schlicht in seiner Zelle geblieben hätte von dort aus keinerlei weiteren Schaden anrichten können. Was aus dem besagten Burschen wurde, dem zumindest die gemächlichen Schreiber der Augsburger Postzeitung eine wohl verdiente Strafe in Aussicht stellten, war nicht weiter bekannt. Wegen falscher Denunziation verurteilte Delinquenten konnten nach damaligem Strafmaß jedoch zwischen sechs Monaten und zwei Jahren Zwangsarbeit erwarten. Da er ursprünglich bereits wegen anderer Delikte im Donauwörther Gefängnis saß, konnte das auch längere Zeit in Anspruch genommen haben. Aber das hing sicherlich auch davon ab, wie sein Zusammenwirken mit Freiherr von Macneven beurteilt wurde und wer darüber insgesamt zu befinden hatte. Es ist kaum davon auszugehen, dass er nach Verbüßung seiner wie auch immer gearteten Strafe direkt nach Steppach zurückkehren konnte oder wollte.

Wahrscheinlich bezieht sich jedoch eine amtliche Mitteilung des „Königlich Bayerischen Intelligenz-Blattes für den Oberdonau-Kreis" (S. 1042) aus dem Jahr 1831 auf ihn und seinen weiteren

Werdegang: „*Ediktal-Ladung – In Gemäßheit eines Erkenntnisses des königlichen Appelations-Gerichts für den Oberdonau-Kreis als Criminal-Gericht vom 18. Juny d. J. wird der getaufte Jude Ignatz Maria Monti, vorher Löw, auch „Leopold Ullmann“ genannt von Steppach, hiermit vorgeladen, innerhalb drey Monaten vor dem königlichen Kreis- und Stadtgerichte dahier zu erscheinen, und sich wegen der wider ihn vorhandenen Anschuldigung des Verbrechens des Betrugs zu verantworten. – Augsburg am 29. July 1831, Königliches Kreis- und Stadtgericht, in Abwesenheit des Direktors, Dr. Weber.*“

„Der bayerische Volksfreund“ aus München meldete am 19. Januar 1831 (S. 46) kurz „*Der berüchtigte Gauner Nathan Löw Bamberger aus Fürth, und der ledige getaufte Jude Maria Monti von Steppach werden steckbrieflich verfolgt.*“ Im Pfarrarchiv zu Steppach befindet sich für das Jahr 1823 die Notiz, dass der „*Israelit Leopold Ullmann aus Steppach*“ in St. Maria in Trastevere zu Rom getauft wurde und den Namen Philipp Maria Monti erhielt. Die Wahrscheinlichkeit, dass der hier erwähnte Löw oder Leopold Ullmann aus Steppach mit dem Denunzianten Löb (Löw) Ullmann aus Steppach identisch ist, ist sehr groß. Demnach wäre er 1823 in Italien zum Katholizismus übergetreten, was angesichts seiner erklärten Haltung gegenüber Juden während der Verhöre in Günzburg plausibel erscheint, und hat den Namen Philipp (oder: *Ignatz*) Maria Monti angenommen. Da sich die amtlichen Vermerke über Ignatz und Philipp jeweils auf einen getauften Leopold Ullmann auf Steppach beziehen, können wir davon ausgehen, dass es sich auch hierbei um ein und dieselbe Person handelt. Von einem gleichnamigen italienischen Arzt namens *Ignaz Monti* war 1781 in Stuttgart ein 24-seitiges Büchlein mit dem Titel „*Von Vergiftung mit dem Weine der Consecration (durch Buprestis)*“ erschienen, wovon er aber wohl keine Kenntnis hatte. In der Biographie des Kardinals *Ercole Consalvi* (1757-1824) von Engelbert Fischer (Kirchheim, 1899) ist Philipp Monti als sein Diener in der Kirche der Heiligen Caecilia in Trastevere erwähnt (S. 348). Besagter Kardinal nahm 1814 als Vertreter des Vatikans am *Wiener*

Kongress teil und wurde 1823 zum Ehrenmitglied der *Bayerischen Akademie der Wissenschaften* gewählt. Bemerkenswert ist übrigens auch der Umstand, dass von 1816 an bis zum 27. September 1823 der Kardinalspriester der Kirche St. Maria in Trastevere *Annibale della Genga* (1760-1829) war, der 24 Tage nach der oben datierten Taufe des Löb aus Steppach zum Philipp Maria Monti in Rom zum Papst gewählt wurde und sich fortan Leo XII. nannte und mit scharfem Antijudaismus Aufsehen erregte.

Im „Allgemeinen Intelligenzblatt der Stadt Nürnberg" finden wir für die Zeit vom 30. Juni bis 2. Juli 1825 „In der blauen Glocke" als Gast „Herrn Monti, Fabrikant von Steppach" verzeichnet. Unnötig zu erwähnen, dass es eine auf seinen Namen laufende Fabrik in Steppach nicht gab. 1826 findet sich im „Intelligenzblatt für den Untermain-Kreis" aus Würzburg (Sp. 2059) eine kleine Werbeanzeige, die seine Rückkehr aus Rom belegt: „*Von dem schon rühmlich bekannten römischen Spiritus und Pulver gegen Zahnschmerzen ist fortwährend zu haben bei Handelsmann Pfirsching in der Augustinergasse – Ignaz Maria Monti*". Offenbar hatte er in Rom nicht nur einen neuen Glauben und unterschiedliche neue Namen, sondern auch ein probates Mittel gegen Zahnschmerzen gefunden, das er wahrscheinlich als Händler vertrieb. Wegen welcher Betrügereien der aus Steppach stammende Löb oder Leopold Ulmann alias Ignatz oder Philipp Maria Monti im Jahr 1831 steckbrieflich gesucht wurde, ist unklar. Wir können jedoch, mangels weiterer Meldungen, getrost davon ausgehen, dass die Aufforderung des königlichen Kreisgerichts zu Augsburg vom Juli 1831 erfolglos blieb und der nun bald fünfzigjährige und unverheiratet gebliebene Gauner wahrscheinlich unter anderen Namen und an anderen Orten seinen Gang fortsetzte. Auch wenn die größere Auswanderungswelle erst in 1840er Jahren einsetzte, wäre es zumindest denkbar, dass auch er, vielleicht von Bremen aus, unter welchem Namen auch immer, den Weg nach Nordamerika einschlug. Seine Spuren verlieren sich hier.

Vielleicht trifft, was das „Münchener Tagblatt“ vom 26. März 1848 als allgemeine Spruchweisheit zitiert ja auf ihn zu:

„Auf das Grab eines Denunzianten –

Wanderer still! Kein Wort an diesen Mann, sonst steht auf und gibt dich an!“

Am Rande wird auf das Geschehen in der eigentümlichen Erzählung *„Hajum Seligmann, der Armesünder von Fürth, eine Kriminalgeschichte aus den Akten und mündlichen Überlieferungen“* von Wilhelm von Chezy, Bezug genommen, erschienen in „Der Volksbote für das Jahr 1844“ (Stuttgart, Hoffmann'sche Verlags-Buchhandlung, 1843, S. 90-125). Der aus Fürth stammende Hajum (Chaim) Seligmann gelangte nach Steppach, wo einer der im September 1803 Verhafteten *„unter dem Schutz des gräflichen Hauses Arco“* lebte: *„Isaak Baruch genannt, der seiner Klugheit wegen bei seinen Glaubensgenossen in hohem Ansehen stand, besonders seitdem er mit Glück und Schick sich aus einer an Kragen und Hals gehenden Verwickelung wegen falscher Bankzettel losgemacht, um derentwillen er zu Günzburg im Thurm gelegen.“* Zwei Jahre zuvor nun begegnet Hajum an einem Herbstabend einem Mann *„mit brandrothen Haaren und fuchsrothem Bart“*. Es handelte sich um Isaak Löb Kohn, *„als Vorsänger ein angesehenes Mitglied der Gemeinde,“* der später ebenfalls zu den Verhafteten in Steppach gehörte. Der rothaarige Kantor erzählt Hajum Seligmann nun von einer für diesen vorteilhaften Partie, nämlich von Merle der Tochter des Isaak Baruch. Es kommt zur Verlobung und Hajum schließt sich dem Geschäft seines künftigen Schwiegervaters an, findet aber nicht so recht Gefallen daran, mit alten Sachen zu handeln und vergnügt sich stattdessen ab und an im Kaffeehaus, wo er Karten spielt. Bei einer Gelegenheit erkennt er auf der Straße sodann seine Verlobte, die ihm auf Zuruf jedoch davon läuft und in ein Haus flüchtet. Er steigt ihr die Treppen nach und wird an der Haustüre von einem russischen Offizier verprügelt. Abends darauf angesprochen bestreitet Merle, von irgendetwas zu wissen, usw. und so löst sich die Verlobung und die illustre Geschichte von Hajum Seligmann setzt sich andernorts fort. Wie auch immer erwähnt die Erzählung zwei der Verhafteten aus Steppach, wie auch den Zusammenhang der Inhaftnahme mit den gefälschten Bankzetteln und der Haft in Günzburg. Dem Bericht von Ber Ulmo gemäß wurde Isaak Baruch jedoch nicht im Turm, sondern im Eisenhaus eingesperrt.

Wie auch immer, wäre es falsch zu vermuten, dass mit den Straßburger Prozessen die Problematik der Fälschung Wiener Banknoten in jener Zeit verschwunden wäre. Ganz im Gegenteil trat der vielleicht größte aller Fälscher in diesem Zusammenhang erst noch in Erscheinung. Dieser jedoch war kein Jude, sondern Kaiser. Als Napoleon Bonaparte am 14. November 1805 in Wien einmarschierte und in Schloss Schönbrunn Quartier bezogen hatte, beauftragte er seinen irisch-stämmigen Gouverneur Henri Clarke d'Hunebourg (1765-1818) sich Zutritt zur Druckerei der Wiener Stadtbank zu verschaffen und *Kopien der Druckplatten* anfertigen zu lassen. Mittels dieser Platten ließ Napoleon bis 1809 insgeheim Wiener Bankzettel zu 500 und 1000 Gulden in großen Mengen fertigen. Da sie auf den echten österreichischen Druckplatten basierten, waren diese Fälschungen von den österreichischen Banknoten nicht mehr zu unterscheiden.

Als im Oktober 1809 zwischen Napoleon und dem österreichischen Kaiser Franz der Frieden von Schönbrunn verhandelt wurde, drohte der französische Herrscher: *„Ihr werdet noch vierzehn Tage verlieren und dann doch auf meine Bedingungen eingehen. Ihr könnt die Gefahr, die Euch droht, gar nicht übersehen. Ich habe 200 Millionen Bankozettel in Frankreich machen lassen, die ich in Umlauf bringen werde und sobald der Krieg wieder beginnt, werde ich hier die*

Fabrikation wieder einrichten." (Huber – Majestätsverbrechen der Potentaten, http://www.geldschein.at/banknotengeschichte1.html/)

Der in dieser Weise angedrohte Staatsbankrott konnte nur durch das Einlenken des österreichischen Kaisers abgewendet werden, der Napoleon zur weiteren Beschwichtigung neben diversen Gebietsabtretungen auch noch seine noch nicht ganz achtzehnjährige Tochter Marie-Louise als Gattin überließ. Anders als bei den vorhergehenden Fälschungen gab es nun selbstverständlich weder Ermittlungen, Verhöre oder gar Prozesse und Kerkerhaft. Die Platten ließ Napoleon 1810 vernichten, sagte er zumindest.

* * *

2. Die Affäre im Spiegel der Aufnahme jüdischer Bankiers in Augsburg im Jahre 1803

Noch ein zweites geschichtliches Geschehen verdient im Zusammenhang mit der von Ber Ulmo beschriebenen Inhaftierung jüdischer Männer in Pfersee, Kriegshaber und Steppach unsere Aufmerksamkeit, da sie mit dieser zumindest vom zeitlichen Ablauf eng verknüpft ist. Die Rede ist von der im Herbst 1803 seitens der Stadt Augsburg beschlossenen Genehmigung der dauerhaften Ansiedlung einiger weniger jüdischer Wechselhändler in der hoch verschuldeten und de facto zahlungsunfähigen Reichsstadt.

Mit dem Beschluss der Stadt Augsburg aus dem Jahr 1438, alle Juden binnen zwei Jahren auszuweisen, endete der Rechtsstatus der Juden als Hausbesitzer Bürger in der Stadt sein zu dürfen. Dies wurde oft missverstanden und so gedeutet, dass Juden generell kein Wohn- und Aufenthaltsrecht in Augsburg besaßen. Doch *bereits* oder anders verstanden *noch* aus dem Jahr 1445, sind zwei jüdische Grabsteine vom damaligen Judenkirchhof, dem jüdischen Friedhof in der Stadt erhalten geblieben, die keineswegs die einzigen und letzten gewesen sein müssen, deren Existenz aber einen Aufenthalt, oder zumindest doch einen geregelten Zugang zur Stadt und zum Friedhof voraussetzt. Auch in der wechselvollen Folgezeit bis zu den Napoleonischen Kriegen gibt es nur wenige kurze Abschnitte, in welchen keine Juden in Augsburg wohnten. Mal handelt es sich um einzelne Personen, dann leben wie im Jahre 1704 ganze 62 jüdische Familien in der Stadt, mal ist das Wohnrecht auf einige Jahre beschränkt, dann wieder auf wenige Monate, während in anderen Zeiten nur einige Juden tagsüber in der Stadt als protokollierte Händler auftreten und abends wieder zurück nach Pfersee oder Kriegshaber mussten. Abgesehen von den mal so dann wieder anders geregelten allgemeinen Bestimmungen gab es für einzelne, wohl wirtschaftlich interessante Juden gesonderte Ausnahmeregelungen. Beispiele dafür wären etwa der aus Prag stammende jüdische Drucker Chaim Schachor, der um die 1540er Jahre in

Augsburg lebte und zahlreiche hebräische Bücher druckte, oder rund zweihundert Jahre später Schimon Wolf Wertheimer, der als kaiserlicher Kammeragent und Großfaktor des Königs von Polen in der Zeit von 1744 bis 1748 in Augsburg lebte, als es in Augsburg sogar eine jüdische Betstube gab, usw. Zuletzt besaßen zahlreiche Juden während der Jahre der „französischen Kriege“ zwischen 1796 und 1800 wieder Wohnrecht in der Stadt. 1799 bewilligte die Stadt Hirsch Wolf Levi (später Levinau) einen Aufenthalt, der immer wieder befristet verlängert wurde, ehe ihm dieses Recht im Dezember 1802 widerrufen wurde. Vor diesem Hintergrund bewarb sich der Kriegshaber Gemeindevorstand Jakob Obermayer (1755-1828), zugleich kaiserlicher Heereslieferant und mit Veitel Kaula Betreiber eines Wechselhauses Anfang Februar 1803 um ein *bleibendes* Domizil in Augsburg, wo er bereits seit langer Zeit arbeitete und auch für die Stadt selbst eine Reihe von Geschäften tätigte. Mit dem Kauf zahlreicher kommunaler Anleihen wie auch mit der Gewährung von Darlehen hatte Obermayer der Stadt zuletzt auch tatkräftig geholfen, während der Kriegsjahre eine Reihe von finanziellen Schwierigkeiten zu meistern. In seiner Bewerbung stellt er so nun auch seine finanziellen Mittel als wohlhabender und genauer Kaufmann in die Dienste der Stadt. Dass Obermayer und seine Mitunterzeichner kein weiteres temporäres, sondern dauerhaftes Wohn- und Besitzrecht in der Stadt und damit als Bürger der unabhängigen Reichsstadt auch Schutz haben wollten, ist angesichts der unsicheren Lage jener Jahre verständlich, wurde aber seitens der Kaufmannschaft in Augsburg, unter welchen vielen bereits die bestehende Präsenz jüdischer Geschäfte ein Dorn im Auge war, eben auch deshalb abgelehnt. Es folgten nun lange Verhandlungen, hauptsächlich um auszubaldowern, wie andere Städte es mit der Ansiedlungen von Juden hielten, ab welcher Einkommenshöhe man überhaupt Juden in Betracht ziehen könnte, welche zusätzliche Abgaben und Leistungen sie im Vergleich zu den anderen Bürgern der Stadt leisten sollten, und dergleichen mehr. Unter dem Namen des Stadtpflegers Paul von Stetten wurde zudem eine Schrift verfasst, welche belegte, dass nach der Ausweisung im Jahre 1438 immer wieder Juden in der Stadt lebten und dass auch alle weiteren zeitweiligen Ausweisungen keinen bleibenden Erfolg hatten. Trotzdem zog sich die Angelegenheit über Monate hin.

Väterlicherseits stammte Jakob Obermayer, der in Kriegshaber geboren wurde über Isaak ben Meir von der Pferseer Ulmo-Familie ab, deren Nachkommen im Zuge der Bestimmungen zu Familiennamen und zur besseren Unterscheidung eigene Namen annahmen. Obermayer war seit 1784 mit der aus Pfersee stammenden Ida Oppenheimer (1765-1845) verheiratet. Ida war die Enkelin des früheren Pfersee Rabbiners Jehuda Löb Oppenheim, dem Autor der bemerkenswerten Schrift „מנחת יהודה“, dieser wiederum war der Neffe des Prager Oberrabbiners David Oppenheim (1664-1736). Idas Vater Isaak Süßkind Oppenheimer war am 5. Oktober 1803 in Pfersee im Alter von über achtzig Jahren verstorben, möglicherweise auf Grund der Aufregung, welche die Verhaftungen wenige Tage zuvor in der Pferseer Gemeinde ausgelöst hatten. Wir können annehmen, dass er unter jenen Juden war, die am Freitagabend bis Mitternacht in der Synagoge sitzen und weder aufstehen noch reden durften. Seine Beisetzung erfolgte am gemeinsamen Friedhof der drei Gemeinden. Der erstgeborene Sohn von Ida und Jakob Obermayer war Isaak Isidor Obermayer (1783-1862), der später als Bankier in Augsburg und als Förderer der Eisenbahnlinie Augsburg-München bekannt wurde. Ihm folgte die Tochter Fanny, die 1822 Benjamin Regensburger (mütterlicherseits Kaula) heiratete. Auch der zweite Sohn Süßkind Obermayer (1795-1857) wurde offenbar nach Idas Vater benannt. In Kriegshaber wandten sich einige der Obermayer, ursprünglich eine Metzgerfamilie, anderen Geschäften zu und gelangten über die Fleischversorgung von Soldaten zu Heereslieferanten und zu Wechselgeschäften in Diensten des bayerischen Herzogs und späteren Königs.

Im Zuge der Banknoten-Affäre 1803 und 1804, bei welcher eine Reihe von Führern der jüdischen Gemeinden des „Fagasch“ genannten Verbundes von Pfersee, Kriegshaber und Steppach und darüber hinaus in weiteren Teilen österreichisch Schwabens verhaftet wurden, fällt auf, dass Jakob Obermayer, obwohl er durchaus auf der „Abschussliste“ des Denunzianten Löb Steppach stand, völlig unbehelligt blieb. Während Ber Ulmo, der zusammen mit einigen anderen unschuldig angeklagten Repräsentanten im Günzburger Eisenhaus einsitzen musste, nebenbei ironisch bemerkt, dass wie in vielen anderen Fällen, die Unterstützung durch Obermayer und dessen Kompagnon Veitel Kaula von eher *gemäßigter Eile* war, resümiert der schließlich geständige Denunziant im Verhör, dass die Führer der Gemeinde in Kriegshaber wohl durch stattliche Bestechung der eigentlich angedachten Verhaftung entgingen. Zwar ist die Aussage inmitten seiner zahllosen Lügen und Anschuldigungen durchaus mit Vorsicht zu beurteilen, doch passt im zeitlichen Kontext dazu tatsächlich die etwa zeitgleiche Bemühung Obermayers mittels Gewährung erheblicher finanzieller Mittel an die heillos verschuldete Stadt Augsburg, dort bleibendes Wohnrecht und damit vor allem auch Schutz zu erlangen. Noch am 19. September, vier Tage vor den Verhaftungen verweigerten die Bankleute Obermayer und Kaula der Stadt die fällige Schuldentilgung über 87.000 Gulden auszusetzen, die Augsburg nicht begleichen konnte. Die Verhaftungen in den Vororten änderten aber offenbar die Haltung diesbezüglich und führten zu weiterreichenden Angeboten seitens der Wechselhändler aus Kriegshaber. Da die Geschäftsinteressen der Wechselhäuser offiziell jedoch von Frau Kaula aus Stuttgart vertreten wurden, die selbst nicht in Augsburg ansässig werden wollte (sie starb 1809 in Hechingen), sah der Rat der Stadt Augsburg darin auch keine Erpressung oder Bestechung. Freilich musste wohl noch deutlich nachgebessert werden. Zur Zeit des Laubhüttenfestes, Anfang Oktober 1803 erreichte der Denunziant in Begleitung seines Kommissars Freiherr von Macneven beim Augsburger Bürgermeister die Durchsuchung der jüdischen Geschäftsräume in der Stadt, wovon wohl auch Obermayer und Kaula betroffen sein konnten. Das Angebot der Bankleute Kaula und Obermayer zusammen mit ihren Partnern der Stadt mit nun insgesamt 500.000 Gulden aus der Klemme zu helfen, stammt vom

21. Oktober des Jahres 1803. Am Samstag, dem 12. November 1803 wurde nach einigem weiterem hin und her dem Ansuchen der Wechselhäuser Westheimer & Straßburger, Henle Ullmann und Jakob Obermayer stattgegeben und ihnen ein Domizil „auf ewige Zeiten“ innerhalb Augsburgs bewilligt. Das Abkommen gewährte ihnen als Bürger der Freien Reichstadt Augsburg nun auch Schutz gegenüber außerstädtischen Gerichten, schloss freilich aber andere, schon weniger Vermögende mit weniger als 40.000 Gulden Kapital und selbstverständlich alle armen Juden davon aus. In gewisser Hinsicht ist die Klage des Löb Steppach, der über die Bewilligung des bleibenden Aufenthaltsrechts der besagten Wechselhändler sicher Bescheid wusste, darüber, dass einige vermögende Juden bevorzugt seien und nur ihre Belange im Sinn hätten, also nicht gänzlich aus der Luft gegriffen, was im Gegenzug keine Rechtfertigung für sein übles Treiben sein kann.

Ganz sicher konnte sich Jakob Obermayer aber offenbar trotzdem nicht sein. Ber Ulmo schreibt in seinem Bericht: *„Mittlerweile ging das Gerücht um, dass der Verleumder Löb (leidigen Andenkens) öffentlich bekundet habe, dass er sich auch noch an Jakob Obermayer rächen wolle, da dieser vor Jahren am Schabbat Chanucka für seine Verhaftung in Augsburg sorgte und nun zum Jahrestag dessen Verhaftung bewirken wolle.“* Am 20. Kislev (5. Dezember 1803), fünf Tage vor dem Beginn des Festes, zugleich auch ein Schabbat, fuhren Obermayer und Kaula nun nach Stuttgart. *„Nachdem sie dort ein paar Tage blieben, fuhren sie nach Regensburg wo sie fast zwei Wochen verbrachten.“* Es ist unschwer zu vermuten, dass die gemächliche Reise, wie auch die Rückreise über Regensburg und der zusätzliche lange Aufenthalt dort, auch den Zweck hatten, sich schlicht in Sicherheit zu bringen. Zumindest scheint Ber Ulmo, der, wie viele andere Inhaftierten währenddessen weiterhin ohne Hoffnung im Günzburger Eisenhaus festsaß, diese Auffassung gehabt zu haben.

Als der Verleumder beim Verhör durch den, den Fall abschließenden Kommissar Oberamtsrat Johann Christoph Gram aussagte, dass die Verhaftungen in Kriegshaber auf Grund von Bestechungen – anders als in Steppach, wo er persönlich anwesend war – nicht ordnungsgemäß durchgeführt worden seien, antwortete er auf die Rückfrage des Kommissars, woher er denn all dies nun wissen wolle recht mysteriös: „*... wenn er gewollt hätte, hätte er dies schon in Donauwörth sagen können.*“ Auf die weitere Frage des Oberamtsrats, wer denn die Bestechung bezahlt hätte und wer sie entgegengenommen habe, sagte er, „*dass die Kaulas und Freiherr von Osterberg darüber eigentlich alles wissen sollten.*“ Es ist nicht anzunehmen, dass Löb Steppach, der ansonsten nicht zögerte, wahrscheinliche Zusammenhänge aufzumachen und sie mit weiteren Anschuldigungen zu garnieren, nun ausgerechnet zu diesem Punkt geschwiegen und weiter nichts gesagt haben sollte. Der wiedergegebenen Anspielung gemäß müsste Veitel Kaula und mit ihm wohl auch Jakob Obermayer Freiherr von Osterberg bestochen haben, um ihrer vorgesehenen Verhaftung zu entgehen. Wenn wir bei Obermayer und Kaula gleichfalls eine Unschuld voraussetzen, erscheint dies dann doch einigermaßen plausibel, da bekanntlich auch alle tatsächlich Verhafteten unschuldig waren. Wie anders ließe sich auch erklären, dass ausgerechnet die beiden finanzstärksten Repräsentanten der drei jüdischen Gemeinden vor den Toren Augsburgs trotz des unstrittigen Argwohns des Denunzianten gegen sie der Verhaftung entgingen? Als Ber Ulmo mit den anderen Gefangenen von Pfersee nach Kriegshaber kommt, hält ihr Wagen um Mitternacht direkt vor dem Haus von Jakob Obermayer und Ulmo notiert, dass in allen von Juden bewohnten Häusern noch immer die Lichter brannten, ein klares Indiz dafür, dass auch dort Durchsuchungen stattfanden. Henle Ulmo, Veitel Kaula und Jakob Obermayer, die nach den Angaben des Denunzianten selbst verhaftet werden sollten, konnten sich stattdessen sogar für den kranken Samson Binswanger und einen namentlich nicht genannten Lehrer einsetzen, die auf ihre Fürsprache, wieder freigelassen wurden. Ihre eigenen Unterkünfte wurden also offenbar nicht behelligt und auch ihre Unterlagen nicht beschlagnahmt, da sie ansonsten in den darauffolgenden Tagen und Wochen mit den Räten der Stadt hätten keine Verhandlungen über die Gewährung weiterer Kredite und ihre Aufnahme als Bürger der Stadt führen können. Freiherr von Osterberg, der in Kriegshaber die Verhaftungen vornahm, traf erst in Steppach zu den Gefangenen aus Pfersee. Zwischen ihm und den Vorständen der Kriegshaber Gemeinde muss es irgendeine Art von Unterhaltung über das Geschehen als solches gegeben haben, aus dem sodann der Umstand hervorging, die genannten Wechselhändler nicht zu verhaften. Ob eine Bestechung vorlag wie der Denunziant behauptet, oder ob bloße Hinweise auf Verbindungen der Vorstände zur Reichsstadt Augsburg, über die freilich auch eine Reihe anderer tatsächlich Verhafteter verfügten, ausreichten, ist nicht zu beantworten. Unbestritten ist jedoch, dass sowohl Jakob Obermayer, als auch Veitel Kaula wie auch ihr Partner Henoch „Henle" Ullmann der vorgesehenen Verhaftung entgingen, ohne dass dafür überhaupt Gründe genannt oder bekannt wurden.

Freiherr *Anselm von Osterberg und Bühl* (1750-1820) stammt von der niederen Adelsfamilie von Osterberg ab, von denen zeitweilig einige Mitglieder jedoch am österreichischen Hof zu Ruhm und Ansehen kamen. *Joseph Pasqualati von Osterberg* (1733-1798) etwa war Hofarzt der Kaiserin Maria Theresia und für seine Dienste als Ritter und später zudem mit dem erblichen Titel eines Freiherrn ausgezeichnet worden. Dessen Sohn *Johann Baptist* (1777-1830) beherbergte in seinem Wiener Haus über Jahre hinweg den deutschen Komponisten *Ludwig van Beethoven* (1770-1827), der dort seine Symphonien 4 – 8, die Oper „Fidelio", das berühmte Klavierstück „Für Elise" und sicher noch manch anderes komponieren konnte. Sein Cousin Anselm nun erbte in österreichisch Schwaben mehrere Rittergüter von seinem Vater *Michael von Osterberg* und damit verbunden auch den Titel eines Reichsfreiherrn. Im für die vorderösterreichische Markgrafschaft namensgebenden Burgau war Anselm von Osterberg Oberamtsrat, „Direktor", Landesforstobermeister für ganz schwäbisch Österreich und dergleichen. 1802 erlaubte der bei den Benediktinern ausgebildete Freiherr am Stammsitz seiner Familie in der Ortschaft Osterberg die Ansiedlung von Juden in drei „Judengassen“, die dort jedoch nur einen Betsaal besaßen. Kurz darauf finden wir Anselm nun als einen der leitenden Beamten in der regionalen Kommission zur Untersuchung der Banknoten-Affäre. Sein Ort Osterberg, etwa 40 km südlich von Ulm und 20 km nördlich von Memmingen gelegen wurde bald darauf im Jahr 1806 bayerisch. Damit verlor der bisherige österreichische Adelige auch an Ansehen und Einfluss. Erst am 30. Januar 1814 finden wir ihn gemeinsam mit seinem zwei Jahre jüngeren Bruder Fidel von Osterberg, nun Forstmeister in Dorffen, in das Adels-Matrikel des Königreichs Bayern aufgenommen. Doch schon kurz darauf zwangen ihn finanzielle Schwierigkeiten zum Verkauf der ererbten Familiengüter. Einem Bericht der „Augsburger Allgemeinen“ aus dem Herbst 1816 gemäß bat *Anselm Freiherr von Osterberg zu Osterberg* „seine sämtlichen Hypothekengläubiger zur Liquidation“ am Donnerstag, 5. Dezember morgens um 9 Uhr in Person oder „durch hinlänglich Bevollmächtigte“, beim königlich bayerischen Stadtgericht in Kempten zu erscheinen, um dort ihre Ansprüche und Forderungen unter Vorlage der „Originalien“ zu liquidieren. 1820 wird Anselms Tod notiert.

Freiherr Anselm von und zu Osterberg hatte erst im Jahr vor seinen Verhaftungen in Kriegshaber und den nachfolgenden Ermittlungen in Günzburg an seinem im Familienbesitz befindlichen Dorf Osterberg einigen Juden erlaubt sich unter vergleichsweise freizügigen Bedingungen anzusiedeln. Knappe zehn Jahre später lebten bereits mehr als hundert Juden in Osterberg, die neben einem Betsaal auch über eine Mikwe und weniger selbstverständlich über einen eigenen Friedhof mit Erweiterungsoption verfügen konnte. Zwar stammten die nach Osterberg gekommenen Juden meist aus der näheren Umgebung, etwa aus (Mönchs-)Deggingen, etc., doch gab es auch Beziehungen nach Augsburg und andere Teile von österreichisch Schwaben, während er selbst als Oberamtsrat und Oberförster für die österreichische Regierung in Günzburg tätig war. Ber Ulmo betont mehrmals, dass Freiherr von Osterberg den Gefangenen wohl eher wohlgesonnen war, wenngleich sich manche Äußerung auch mit leiser Ironie lesen und verstehen lässt. Als sich das Debakel der völlig nutzlosen Quälerei der Gefangenen und der ergebnis- wie haltlosen Ermittlungen gegen sie nicht mehr verbergen ließ, wurde Anselm von Osterberg jedoch wie auch sein eher finsterer Kollege Macneven, der von Donauwörth aus seine, offenbar ganz eigenen Ermittlungen führte, abberufen. Man muss nicht zu viel Einfallsreichtum bemühen, um darauf zu kommen, dass Ber Ulmo in Osterberg eher einen Teil des Problems als der Lösung sah, weshalb er ihn am Ende seiner Schrift nicht namentlich unter jenen aufführt, denen er und die anderen Gefangenen besonderen Dank schuldeten.

Nach seinem neuerlichen Geständnis bat Löb Steppach darum einen Brief an seinen Kommissar in Donauwörth schreiben zu dürfen, in welchem er diesem sodann mitteilt, dass er *bereits gestanden* habe. Dies setzt freilich voraus, dass Macneven sich darüber im Klaren war, dass die erhobenen Anschuldigungen im Grunde falsch waren. Andernfalls wäre der Hinweis auf sein Geständnis und die Vermutung, dass Macneven selbst nun auch in Schwierigkeiten geraten konnte unverständlich. Datiert auf den 17. April 1804 erwähnt Ber Ulmo von einer weiteren Befragung des Verleumders: *„Er hatte ein weiteres Verhör am folgenden Dienstag und wurde dabei vornehmlich zu seinen Beziehungen zu Freiherr von Macneven befragt, um Aufschluss über das skandalöse Einvernehmen der beiden zu gewinnen.*“ Eigenartiger Weise belässt es der Autor Ber Ulmo bei dieser bloßen Mitteilung und nennt keinerlei Details zu diesem interessanten Zusammenhang, der die Motive wesentlicher Protagonisten grundlegend erhellen könnte.

Freiherr William Hugo Macneven O'Kelley (1734-1814), war Abkömmling einer irisch-böhmischen Familie in Prag und Wien. Sein Vater *William Mac Neven O'Kelly ab Aghrim* (1713-1787) war mit seiner Familie vor den britischen Besatzern in Irland geflohen und fand als Katholik Zuflucht in Prag, wo er 1743 sein Medizinstudium begann. 1749 wurde er Professor und 1753 sogar Leiter der Fakultät. Schließlich avancierte auch er zum Leibarzt der Kaiserin Maria Theresia und wurde gleichfalls mit dem Titel eines Ritters als auch eines Freiherrn ausgezeichnet. Wilhelm Hugos Neffe war *William James MacNeven* (1763-1841), der als 12jähriger aus Irland zu seinem Onkel, dem Medizin-Professor geschickt wurde, um sowohl eine profunde weltliche Bildung, wie aber auch eine im britisch besetzten Irland schwierige katholische Ausbildung zu erhalten. Willam James studierte gleichfalls Medizin, aber auch Jura und kehrte nach seinem Abschluss 1784 nach Irland zurück, wo er sich den irischen Revolutionären anschloss, 1798 aber verhaftet wurde und bis zu seiner Befreiung 1802 im Gefängnis blieb, hernach wieder ins Exil ging. Zunächst nach Deutschland und Österreich, wo er im Sommer in Burgau und Prag seine Verwandten besuchte. Im Herbst 1803, als sein Cousin Wilhelm Hugo Macneven in Schwäbisch-Österreich nach Druckerpressen fahndete, versuchte William James in Paris Napoleon Bonaparte persönlich zu einem Bündnis mit den Iren und französische Truppen zu einer Invasion Irlands zu bewegen, doch war seine Mission offensichtlich ein völliger Fehlschlag. Napoleon hatte kein Interesse an Irland und so immigrierte William James kurz darauf ernüchtert in die USA, wo er als Professor für Geburtshilfe und später als Chemiker tätig war. Am bekanntesten wurde er für sein Werk zur „Atomtheorie“ aus dem Jahre 1820, doch auch seine umfangreichen politischen Schriften zur irischen Geschichte und Politik erreichten viele Leser in Europa.

Freiherr William Hugo von Macneven, der von Ber Ulmo von Pfersee als eine Art „zweiter Haman“, ergo als Bösewicht und bloß derbe herumbrüllender Judenhasser geschildert wird, der nur zu bereitwillig den Anschuldigungen des „Schurken Löb“ Glauben schenken wollte, war K.K. Hofrat oder böhmischer Gubernialrat in Prag. Aus seiner Zeit in Donauwörth ist eine auf den 4. Juli 1803 (den Tag an dem sein Cousin William James in Cuxhafen Deutschland betrat) datierte besiegelte Originalunterschrift erhalten, die er knapp zwei Monate vor Beginn der von Ber Ulmo beschriebenen Affäre als „Wilhelm Macneven O'Kelly, k. k. Gubernialrat u. bevollmächtigter Kommissar" ausführt. Die in Ber Ulmos Bericht immer wieder zitierten Versiegelungen beschlagnahmter Papiere durch den Kommissar Macneven werden uns so ganz gut veranschaulicht. In einer amtlichen Notiz aus dem Jahre 1808 finden wir den Burggrafen Wilhelm Freiherrn Macneven als Mitglied der K.K. Erbsteuerkommission erwähnt, was seine weitere Verwendung im monetärenfiskalischen Bereich bestätigt.

Über das Verhältnis des bereits 69 Jahre alten irisch-böhmischen Freiherren in kaiserlich königlichen österreichischen Diensten zum nur 21jährigen Löb Steppach erfahren wir aus Ber Ulmos Bericht nur wenige Einzelheiten. Nur hier und da verstreut finden wir Details, die zusammengenommen Erklärungen bieten können. Andererseits könnte eine Kurzmitteilung des "Schwäbischen Merkur" vom 8. April 1803 (S. 346), so sie sich auf ihn bezieht, erhellen, dass Löb Steppach zunächst eigene Gaunerkollegen anschwärzte und vielleicht auf diese Weise erst das Vertrauen und die Aufmerksamkeit des Kommissars gewann:

„Seit einigen Wochen sind mehrere Straßen-Räuber von einer gegen 40 Köpfe starken Bande, die bisher in Schwaben, Franken, etc. herumgezogen war, eingefangen worden; unter diesen ist auch der Anführer Pondrang, welcher in Donauwörth sitzt. Ein Juden-Knabe aus dem Dorfe Steppach, bei Augsburg, trug durch seine Aussagen vieles zur Entdeckung derselben bei."

Es ist durchaus möglich, dass Löb, um aus der Haft in Donauwörth zu kommen, zunächst anbot, ihm bekannte Gauner zu verraten und dies auch tat. Unter dem Einfluss des weit älteren, erfahrenen und wohl auch scharfsinnigeren Freiherrn von Macneven kann er durchaus zur weiteren Zusammenarbeit bewogen worden sein, als die Berichte über Verhaftungen und Fahndungen nach Banknotenfälschern in allen Landen Schlagzeilen machten. Schon als kleiner Ganove musste er den Weg der Tora und der Gottesfurcht hinter sich gelassen haben. Zudem war auch das Verhältnis zu seinen Verwandten wie auch zu den Autoritäten der jüdischen Gemeinden brüchig und durch vielerlei belastet. Er war, wie er in den Verhören bestätigt oft tief gekränkt worden und versuchte diese Defizite offenbar mit kleinen Gaunereien und Diebstählen wettzumachen. Dies wiederum führte dazu, dass „seine Leute" ihn selbst bei der Polizei meldeten. In den geschilderten Verhören zeigt Löb einen labilen und leicht beeinflussbaren Charakter. Einem versierten Kommissar dürfte es nicht allzu schwer gefallen sein, ihn davon zu überzeugen, dass er auf seine Familie und Herkunft nichts zu geben brauche, etc. Wie sich bald zeigen sollte, war er sogar dazu in der Lage seinen Vater und weitere Verwandte und Bekannte zu bezichtigen, die er zuvor noch um Zuwendungen gebeten hatte. Im Steppacher Gasthof, wo Löb in der Nacht der Verhaftungen fein ausstaffiert vor den Gefangenen umher stolzieren kann, teilt er Isaak Levi mit, dass ihm zweitausend Dukaten und eine Anstellung im Polizeidienst zugesprochen wurden. Später im Verhör unterstellt Löb, wohl ganz im Sinne seines Gönners, pauschal allen Juden allerhand Betrügereien und schädliches Handeln.

Interessant in diesem Zusammenhang ist der Umstand, dass auch Jakob Obermayer, in der Folgezeit keineswegs darauf bedacht war, andere Juden in ihrem nicht minder berechtigten Ansinnen, ein ständiges Bleiberecht in Augsburg zu erhalten, in irgendeiner Weise behilflich zu sein. Ganz im Gegenteil hintertrieb er mittels Eingaben an den Rat der Stadt gezielt die Immatrikulierung anderer Juden, wie etwa im Fall des Samson Binswanger aus Kriegshaber, der 1803 zu den unschuldig Verhafteten gehörte und argumentiert, dass die Aufnahme weiterer Juden in der Stadt für diese „schädlich und nachteilig" wäre. Noch im Jahre 1813 wird Binswanger deshalb nur ein temporäres Aufenthaltsrecht bewilligt. Im Gegenzug dazu scheute Jakob Obermayer keine Bemühungen, um eine Statusverbesserung für seinen Sohn Isidor und dessen Frau Nanette Kusel aus Karlsruhe oder für seinen Schwiegersohn Benjamin Regensburger (Kaula) zu erwirken. Neben ihm und seiner Familie hatten deshalb zehn Jahre später nur die Wechselhändler Henoch Ulmann und Amson Haymann, die Pferdehändler Gottschalk und Simon Weiler und der Silberhändler Simon Wallerstein das Augsburger Bürgerrecht erlangt. Von der Existenz einer jüdischen Gemeinde in Augsburg kann zu diesem Zeitpunkt deshalb auch keine Rede sein. Obermayers befremdliche wie rücksichtslose Einwände gegen die Aufnahme weiterer Juden in die nun bayerische Kreisstadt erweisen sich schließlich dann doch als vergeblich und so finden sich im Jahr 1815 bereits 13 Familien in der Stadt, wovon sein Sohn Isidor bereits mit einem eigenem Hausstand verzeichnet ist. Auch Samson Binswanger wurde nun das Bürgerrecht gewährt. Er wurde sogar Jakob Obermayers direkter Nachbar am Obstmarkt, wo im ersten Stock der Hauses D 100 ein kleiner Betsaal eingerichtet wurde.

Jakob Obermayer starb am 26. Nissan des Jahres 5588 (10. April 1828) in Augsburg und wurde tags darauf am jüdischen Friedhof von Pfersee und Kriegshaber bestattet. Direkt neben ihm begrub man zweieinhalb Jahre später den Steppacher Kantor und Lehrer Isaak Löb Kohn. In der Todesanzeige der „Augsburger Allgemeinen" heißt es: „*Unsern nahen und fernen Verwandten und Freunden teilen wir die für uns höchst traurige Nachricht mit, dass unser teurer und vielgeliebter Gatte und Vater, Bankier Jakob Obermayer, am 10. April Morgens fünf Uhr im 68sten Jahres seines tätigen Lebens sanft entschlafen. Indem wir für den, dem Verblichenen während seiner Krankheit so vielfach erwiesenen warmen Anteil verbindlichst dankend, verbitten wir uns, von der Teilnahme unserer Freunde und Gönner überzeugt, alle Beileidsbezeugung, die unseren rechten Schmerz nur vermehren würde, und empfehlen uns Ihrer ferneren Freundschaft und Gewogenheit. - Augsburg, den 13. April 1828, Isidor Obermayer, Bankier, in seinem, seiner Mutter und Geschwister Namen.*"

Die aus Kriegshaber nach Augsburg kommenden Wechselhändler Obermayer, Kaula, Henoch Ulmann und ihre Partner hatten in gewisser Weise von den Inhaftierungen die auch sie bedrohten und betreffen sollten, zweifellos profitiert. Es gelang ihnen nicht nur, ihrer eigenen Verhaftung zu entgehen, sondern eine rasche Einigung mit den Vertretern der bei ihnen hoch verschuldeten Stadt Augsburg zu erzielen, dort Bürgerrecht und somit auch Schutz vor weiterer drohender Verfolgung zu erhalten. Hinzu kommt sicherlich auch der Aspekt, dass mit der Verhaftung zahlreicher Juden aus Kriegshaber, Steppach und Pfersee, worunter sich wohlhabende Geschäftsleute befanden, die lokale jüdische Konkurrenz für geschäftliche Aktivitäten ein gutes halbes Jahr „kalt gestellt" wurde. Entsprechend zaghaft fielen deshalb wohl auch Jakob Obermayers und Veitel Kaulas Bemühungen um die Freilassung der in Günzburg und anderswo in Ketten sitzenden anderen Vertreter ihrer heimischen jüdischen Gemeinden aus. Die Absicht eine eigenständige jüdische Gemeinde in Augsburg zu gründen bestand ihrerseits auch nicht.

Für den Unterricht jüdischer Kinder in Augsburg sorgte jedoch erst ab 1833 und dies auch nur für zwei Stunden *pro Woche* der aus dafür eigens Pfersee kommende Lehrer Wolf Krailsheimer (1806-1883), der seinen Schülern in Pfersee *täglich vier* Stunden Unterricht gab. Beschneidungen, Trauungen und Bar Mitzwas wurden weiterhin in Steppach, Kriegshaber oder Pfersee vollzogen. In der Folgezeit wuchs die Anzahl der Juden in Augsburg stark an und zahlreiche Geschäftsleute gewannen im Handel, als bedeutende Bankiers, in städtischen Einrichtungen und Vereinen an Ansehen und Einfluss. Nötige Impulse für die jüdische Gemeinschaft blieben jedoch aus, weshalb noch im Sommer 1847 der Schreiber einer Kolumne der jüdischen Wochenzeitung *„Der Israelit im neunzehnten Jahrhundert – eine Wochenschrift für die Kenntnis und Reform des israelitischen Lebens*" der von seiner Rundreise als „reisender Schullehrer" zu einem sehr missbilligenden Urteil über die Verhältnisse der etwa hundert Juden in Augsburg kommt:

„Den dortigen jüdischen Zuständen tut aber einige Dampfkraft dringend Not. Auf der ganzen Reise und nirgends fand ich sie so im Argen liegend. Du findest hier keine israelitische Schule, keine

öffentliche Anstalt für den Religionsunterricht der jüdischen Kinder und man darf sagen, fast keine Synagoge. Denn als das Haus, in welchem sich das enge Betstüblein befand, zum Verkaufe kam, gab man sich der Hoffnung hin, die aus 12 Gliedern bestehende sehr reiche Gemeinde – sie zählt einen Millionär und mehrere, die Hunderttausende besitzen zu den ihren – werde das Haus erwerben. Aber nein! Es ging in den Besitz eines Christen über und die Augsburger Judenschaft ist mit ihrer Andacht zur Miete zu einem Garkücher geflüchtet. Von der Stube, der Speisestube, gelangt man in ein beschränktes Kämmerchen, groß genug für die Stände und um sich allenfalls noch zum Nachbarn zur lauten Besprechung von Börsenangelegenheiten bewegen zu können. Eine finstere Klause neben an, die bei hellem Tage beleuchtet werden muss, dient dem schönen Geschlecht zum Ort des öffentlichen Gebets. Muss der Speisewirt eines schönen Tages diese gemietete Wohnung räumen, so sehen wir nicht, was die Andächtigen (? – das Fragezeichen steht im Originaltext*) anfangen werden."*

Mehr als vierzig Jahre nach dem zunächst für einige wenige Wechselhändler bewilligten dauerhaften Wohnrecht in der Stadt, hatte die aus vielen Wohlhabenden bestehende Gemeinschaft lediglich eine kleine Betstube im Hinterzimmer eines Schnell-Imbisses eingerichtet, obwohl der angesprochene Millionär Isidor Obermayer seit 1821 in seinem stattlichen Wohnhaus an der Maximilianstraße, dem heutigen *Augsburger Standesamt* wohnte. Dort starb er auch im April 1862 just, als sein Sohn Carl von Obermayer (1811-1889), mittlerweile Konsul der Vereinigten Staaten von Amerika in Augsburg den damals gefeierten, aber von manchen Kritikern auch eher als mittelmäßig eingestuften Tenor Theodor Wachtel (1823-1893) im Haus zu einer Abendgesellschaft eingeladen hatte. Gemäß dem zeitgenössischen Bericht der „Augsburger neuesten Nachrichten" und zahlreicher weiterer Blätter sang der Tenor, der in Augsburgs Theater gastierte, gerade die Zeilen „Er fiel, er starb der heiligen Sache, zu Seite stand ihm nicht der Sohn", als Diener des Hauses in das Zimmer stürzten und Konsul

Obermayer zuriefen, er möge doch schnell in das Zimmer seines Vaters kommen. Isidor Obermayer war jedoch bereits tot als sein Sohn bei ihm eintraf.

Erst 1861 wurde mit Carl Obermayer als ersten Vorsitzenden formell die Israelitische Kultusgemeinde Augsburg gegründet und bald darauf in der Wintergasse ein eigenes Gebäude bezogen, das zur Synagoge umgebaut wurde und ein Rabbiner angestellt. Bis dahin wurde der Unterricht für die Kinder der Augsburger Juden noch immer von Lehrern aus Kriegshaber und Pfersee besorgt, die dafür eigens anreisen mussten. Bald darauf nun aber entwickelte die rasch anwachsende Gemeinde in Augsburg einen starken Sog auf die jüdischen Randgemeinden der Stadt. Die Gemeinde von Steppach löste sich 1873 auf, die Pferseer folgte diesem Schritt drei Jahre später. Lediglich die Kriegshaber Gemeinde blieb bestehen, wurde aber dem Augsburger Bezirksrabbinat unterstellt.

Ber Ulmo blieb zeitlebens in Pfersee wohnen. Er starb am Abend nach dem Purim-Fest im Jahre 1837 im Alter von 86 Jahren. Zu seinen Nachkommen zählten u.a. auch *Dr. David Ulmann* (1824-1910), der in Augsburg als Oberstabsarzt und Bataillonsarzt des 12. Infanterieregiments und ab 1888 Generalsarzt 2. Klasse, sowie am Judenberg als praktischer Arzt wirkte, wie auch *Richard Martin Willstätter* (1872-1942), der im Jahr 1915 u.a. für seine Forschungen zum Chlorophyll den *Nobelpreis für Chemie* erhielt und u.a. Professor für Chemie in München war und ein Wegbereiter der Enzym- und Atomforschung war. Für seine Entwicklung einer Gasmaske unter Verwendung von Hexamethylentetramin erhielt er 1917 das Eiserne Kreuz II. Klasse am weißen Band mit schwarzer Einfassung. 1939 emigrierte er in die Schweiz. Richard Willstätters Mutter Sophie Ulmann (1849-1928) war die Tochter von Moritz Ulmann (1814-1890), Sohn des Ber Ulmo und mit dem Karlsruher Großhändler Max Willstätter verheiratet. Moritz Ulmanns Sohn Bernhard Ulmann gründete in New York eine Textilfirma. Seine

Tochter Doris Ulmann (1882-1934) erlangte als frühe ethnographische Photographin einigen Ruhm.

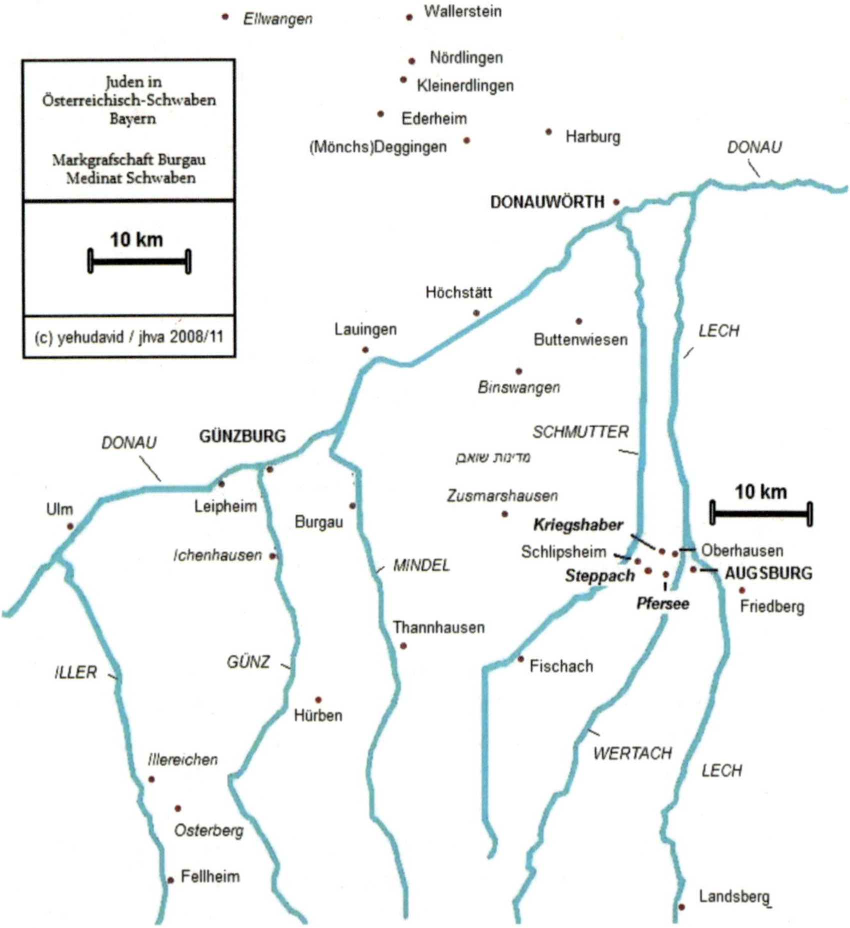

Orte des Geschehens (hervorgehoben)

3. Das mysteriöse Verschwinden der Pferseer Talmud-Handschrift

Eine der herausragenden Besonderheiten der jüdischen Gemeinde von Pfersee ist die Annahme, dass die dort ansässige Familie der Ulmo etwa ab 1588 bis zum Ende des 18. Jahrhunderts im Besitz einer Talmud-Handschrift war. Die auf das 14. Jahrhundert datierte Handschrift gilt als älteste (fast) vollständige erhaltene des babylonischen Talmuds überhaupt, umfasst 576 Folio-Seiten und ist als „*Codex Hebraicus Monacensis 95*" Bestandteil der Bayrischen Staatsbibliothek in München und seit einigen Jahren nun auch online zugänglich. So herausragend die Bedeutung der Schrift unzweifelhaft ist, so zweifelhaft sind die Umstände, die sie nach München geführt haben sollen. Wie der frühere US Präsident Ronald Reagan schon sagte, setzt sich in der Regel nicht das beste, sondern das häufigste Argument durch. Und so lautet in diesem Fall die gebräuchlichste, weil am häufigsten zitierte Ansicht auch so, dass die talmudische Handschrift 1342 in Paris geschrieben wurde, 1588 über Italien in den Besitz der Pferseer Familie Ulmo gelangte, „um 1800" in die Bibliothek des Kloster Polling bei Weilheim verkauft und nach der Säkularisierung des Kloster 1803 in die Münchner Hofbibliothek gebracht wurde. Weit weniger geläufig ist jedoch die Tatsache, dass davon kaum etwas belegt ist, einige Zweifel und offene Fragen bestehen, wovon viele jedoch allenfalls selten gestellt werden.

Ist unter modernen, mitunter eher ab- als aufgeklärten Juden eine Beschäftigung mit dem Talmud ganz allgemein schon untypisch, so trifft umso mehr zu, dass eine Auseinandersetzung mit den Quellen, insbesondere was mittelalterliche Handschriften anbetrifft, allenfalls eine kleine Anzahl von Experten (darunter befinden sich dann auch nicht wenige christliche Theologen, Philologen oder Orientalisten) interessiert, da hierzu in Punkto Text-, Sprach- und Schriftkenntnis schlicht die erforderlichen Grundlagen fehlen. Hinzu kommt eine nebulöse Überlieferungsgeschichte in welcher wesentliche handelnde Personen und ihre denkbaren Motive der Allgemeinheit nicht minder fremd sind. Schließlich spielen auch Fragen von nationalem Ansehen eine Rolle, etwa wenn es darum geht, welche Bibliothek oder Forscher den einen oder anderen Superlativ für sich und ihre Arbeit beanspruchen können.

Der in der Bayerischen Staatbibliothek in München befindliche, deshalb auch als „Münchner Handschrift“ bezeichnete „Cod. Hebr. 95“ wurde 1908 von Moritz Altschüler unter dem Titel „Pferseer Handschrift“ als Faksimile-Ausgabe veröffentlicht. Grundlage dafür waren zwei Beschreibungen jüdischer Gelehrter, die Pfersee besuchten, dort das Werk sahen und mehr oder minder detaillierte Berichte dazu hinterließen. Natanael Naftali Weil (1687-1769) war 1750 in Pfersee, der aus Israel stammende Chaim Josef Asulai (1724-1806) vier Jahre später. Da nun der in München befindliche, erst um 1845 diskutierte Codex keine Vorgeschichte hatte, die seine Herkunft erklären konnte, lag der Schluss nahe, die Münchner Schrift auf diese beiden Berichte über eine Talmudhandschrift aus Pfersee zu beziehen. Obwohl sich die Darstellungen der rabbinischen Besucher aus den 1750er Jahren in manchen, keineswegs unwesentlichen Details (Beschaffenheit, Umfang, Anordnung, etc.) offensichtlich von dem heute gezeigten Münchner Exemplar unterschied, erklärte die Gelehrtenwelt deren vollständige Identität. Spätestens mit dem Druck des Faksimiles des Münchner Codex als „Pferseer Handschrift“ wurde diese auch begrifflich zementiert.

Nun musste nur noch erklärt werden, wie die Schrift von Pfersee nach München gelangte. Fachleuten war es kein Geheimnis, dass wesentliche Bestände der Bayerischen Staatsbibliothek, bzw. ihres Vorläufers, der Münchner Hofbibliothek aus säkularisierten, sprich verstaatlichten Besitz ehemaliger Klöster stammte. Da nun aus dem bei Weilheim gelegenen ehemaligen Augustinerkloster Polling eine beträchtliche Menge an Büchern, darunter auch eine respektable Sammlung in „orientalischen“ Sprachen (wozu man auch jüdische Schriften rechnete) nach München gebracht wurde, lag es nahe, anzunehmen, dass auch der besagte Codex der Talmudhandschrift über Polling nach München gelangte. Insbesondere der vorletzte Probst des Klosters, Franziskus Töpsl hatte sich einen Ruf als Sammler zahlreicher „orientalischer Schriften“ erworben. Da Töpsl jedoch bereits im Jahr 1796 starb und seinem Nachfolger, vielleicht mangels Zeit bis zur Säkularisierung 1803, wenig zugetraut wurde, ergab sich das wahrscheinliche Datum „um 1800“, manchmal auch „vor 1800“ oder gar „1796“. Da Töpsl im Allgemeinen, so sie ihm, bzw. der Klosterbibliothek, nicht geschenkt wurden, Schriften kaufte, ergab sich die weitere Annahme, dass ihm die Pferseer Talmud-Handschrift verkauft wurde. Da keinerlei schriftliche Unterlagen, wie Kaufverträge, Akquisitions-Register und dergleichen existieren, ist dies offenbar eine reine Glaubensfrage.

Im Besitz der Hamburger Universitätsbibliothek befindet sich eine illuminierte Tora-Handschrift mit begleitenden Texten der Haftarot und Megilot, also der Schrift-Abschnitte die zum Schabbat und den anderen Festtagen in der Synagoge gelesen werden. Das auf 1309 datierte Werk mit der Signatur „Cod. Levy 19“ wurde 1906 aus dem Nachlass des Hamburger Rechtsanwalts Dr. Heymann Baruch Levy (1834-1904) der Hamburger Staatsbibliothek gestiftet. Aus Eintragungen ergibt sich, dass das Werk zuvor „jahrhundertelang“ gleichfalls im Besitz der Pferseer Ulmo war. Notiert ist dort auch, dass sich zumindest im Jahr 1772 auch die Talmudhandschrift noch bei den Ulmo in Pfersee befunden haben soll. Es ist anzunehmen, dass die Tora-Schrift mit *Jakob ben Jehuda Löb Ulmo* nach Altona bei Hamburg gelangte, wo er als „Rabbi Löb Pfersee“ bekannt wurde und 1778 verstarb. Sicher ist das auch nicht, wohl aber, dass der zuvor bezeugte Pferseer Talmud *dort nicht* auftauchte. Da nun aber die Datierung auf das Jahr 1772 der letzte bekannte Bezug zur Handschrift in Pfersee ist, wurde sodann auch vermutet, sie sei „wenig später“ (Bibliotheksforum Bayern, S. 202, 2003) von den Ulmo in Pfersee an das Kloster verkauft worden. Seitens der Fachwelt wäre damit auch schon das Wesentlichste zur jüngeren Überlieferungsgeschichte der Talmud-Handschrift gesagt.

Die trotzdem nicht zu beseitigenden Unstimmigkeiten zwischen den historischen Berichten von Natanael Weil und Chaim Asulai und dem Münchner Exemplar bleiben bestehen. Jedoch ist es in unserem Zusammenhang unerheblich, ob es nun zwei unterschiedliche talmudische Handschriften gab oder ob beide tatsächlich identisch sind, da ohne Zweifel zumindest *eine* davon offensichtlich für Pfersee bezeugt ist. Anders verhält es sich mit den fehlenden Belegen für irgendwelche Transaktionen und den bloß vermuteten Datierungen und Abläufen. Diesbezüglich steht dem weitgehend einmütigen wie auch eigenartigen Fachurteil wohl vor allem die scheinbar nebensächliche Frage im Wege, aus welchem Grund eigentlich die Pferseer Familie der Ulmo ihre Talmudhandschrift *verkauft* haben soll.

Obwohl der Ruhm der Pferseer jüdischen Gemeinde heute längst verblasst und vergessen ist, attestierte zumindest die *Encyclopedia Judaica* noch vor rund hundert Jahren, die חכמי פערשא, die *Weisen von Pfersee „sind wohl bekannt“*. Zur fraglichen Zeit hatte Pfersee den Sitz des jüdischen Distrikts von „Medinat Schwaben“ und war auch zuständig für Kriegshaber, Steppach, Fischach, Buttenwiesen, Binswangen, Hürben, usw. Eine Reihe namhafter Rabbiner wie Rabbi Lieberman, ein Freund und Zeitgenosse von Josel Rosheim, Henoch Sundel, Jehuda Löb, Jehuda Oppenheim, Neffe des Prager Oberrabbiners David Oppenheim, Isaak Etthausen oder Benjamin Wolf Spira aus Prag waren Rabbiner der bedeutenden Gemeinde. Mit den napoleonischen Kriegen jedoch wurde zumindest der wirtschaftliche Stellenwert der Pferseer durch die Kriegshaber Gemeinde überflügelt, da diese, direkt an der Handelsstraße von Augsburg nach Ulm gelegen, davon entsprechend profitierte und bald mehr jüdische Bewohner und damit auch Steuerzahler hatte. Trotzdem war die jüdische Gemeinde von Pfersee keineswegs die ärmste jüdische Gemeinde im damaligen österreichischen Schwaben. Das rechnerische pro Kopf Vermögen der Pferseer Juden übertraf in jener Zeit noch immer das durchschnittliche der Kriegshaber deutlich. Es fehlt damit ein plausibles finanzielles Motiv, warum sich die Führer der Pferseer Juden von diesem alle materiellen Werte übersteigenden Schatz der Talmud-Handschrift hätte trennen sollen. Die überlieferten Besitzer der Pferseer Familie Ulmo hatten keine finanziellen Probleme. Darüber hinaus waren sie alles andere als Vorläufer irgendwelcher Reformbestrebungen des Judentums, sondern als Erben und Vertreter rechtgläubiger und an Tora und Talmud hängender Gelehrter weithin angesehen. Jehuda Löb Ulmo, Schimon Ulmo, David Ulmo, Löw Ulmo und zuletzt Jona Ulmo und sein Sohn Ber Ulmo – um sechs prominente Häupter der heiligen Gemeinde von Pfersee seit 1740 zu nennen, waren ohne Zweifel fromme aber auch wohltätige Gelehrte und als durchaus vermögende Hofagenten und Lieferanten von Herzögen, Bischöfen, Königen und Kaisern sicher unter keinen denkbaren Umständen bereit, einen solchen Besitz freiwillig und ohne Not für Leib und Leben einfach aufzugeben.

Ber Ulmo war in Nachfolge seines Vaters Jona Ulmo von 1781 an bis zu seinem Tod im Jahr 1837 Vorsitzender der Gemeinde von Pfersee, weshalb der postulierte Verkauf der Talmudhandschrift in seine lange Amtszeit und Verantwortung fällt. Aus seinem Bericht über die Haftbedingungen in Günzburg ist an zahlreichen Stellen seine Frömmigkeit beschrieben. Er zitiert den Talmud ebenso wie die Tora und hat am Versöhnungstag, den er im Kerker mit Soldaten verbringen muss, keine größere Sorge, als von seinen Bewachern nicht lautstark bei seinen Gebeten gestört zu werden und dankt Gott dafür, dass ihm dies möglich war. Sollte der selbe Mann den seit über zweihundert Jahren im Familienbesitz befindlichen, einzigartigen Talmud verkauft haben ohne in finanziellen Nöten gewesen zu sein? Ohne den Stellenwert des einen für Juden, des anderen für Christen abzuwägen, wäre der Verkauf einer solchen Schrift für einen Tora-treuen Juden wie Ber Ulmo an einen christlichen Mönch am ehesten vergleichbar mit dem Verkauf von Reliquien durch einen Bischof an einen Juden. Es gibt für den gesunden Menschenverstand nichts, was auch nur ansatzweise dafür sprechen könnte.

Die Angabe, dass der Talmud sich überhaupt in Polling befand und von dort nach München gelangt sei, stammt vom damaligen Münchner Oberbibliothekar und Altphilologen Prof. *Karl Felix Ritter von Halm* (1809-1882), dessen Vater und Stiefvater Kunsthändler waren. Ab 1856 war er der Leiter der königlichen Hofbibliothek. Heftig umstritten war er wegen zahlreicher „Dublettenverkäufe", die Zeitungsberichten gemäß zu tumultartigen Debatten im Bayerischen Landtag führten. Er rechtfertigte sein Vorgehen, mit den Erlösen wertvolle Ankäufe zu tätigen. In Bezug auf die Talmudhandschrift in München stützte er sich wiederum auf den katholischen Orientalisten *Daniel Haneberg* (1816-1876), der in den letzten vier Jahren seines Lebens übrigens Bischof von Speyer war. Haneberg hatte als fachlicher Experte die Handschrift selbst untersucht. Die bei Asulai genannte Stadt פפרשא deutete er jedoch als „Brescia". Haneberg hielt es auch für möglich, dass die Schrift allgemein im Besitz des Klosters war und in den 1750er Jahren nur leihweise bei der jüdischen Gemeinde in Pfersee landete. Lebrecht wunderte sich nicht zu Unrecht darüber, dass es bezüglich des Ankaufs der Schrift offenbar keinerlei Unterlagen oder Einträge in Acquisations-Katalogen gab.

Die heutige Münchner Ausgabe verfügt über ein Titelblatt der Klosterbibliothek von Polling aus dem Jahr 1744, das jedoch – trotz der handschriftlichen Bleistift Anmerkung „Talmud Baylonisch" nebst der Münchner (!) Signatur - keinen Bezug zum Talmud in Pfersee haben kann, der ja nun in den 1750er Jahren und somit nach 1744 *in Pfersee* bezeugt ist. Das Blatt wurde erst in den 1860er Jahren in München dem Werk vorangestellt, möglicherweise um eine Herkunft aus Polling anzuzeigen. Da jedoch weitere Angaben oder Datierungen fehlen, kann das Pollinger Klosterblatt auch sonst wo herstammen. Dem Blatt folgen hebräische *Druckseiten* über Inhalt und Anordnung der Handschrift, die nun jedoch ebenfalls bereits die gedruckte Münchner Signatur „Cod. Hebr. 95" nennen. Das jedoch ist ein weiterer Anachronismus. Am Schluss des gebundenen Werkes befindet sich eine teilweise eingerissene und deshalb unvollständige Seite mit einigen handschriftlichen Notizen, die seitens der Gelehrten als *Unterschriften* der zeitweiligen Besitzer der Talmud-Handschrift aufgefasst werden. In der Schrift geübter Tora-Schreiber, mitunter aber auch in krakeligen Handschriften steht da etwa *„ich bin Schimon ben Schlomo schalit Ulmo"* oder *„ich bin Jehuda bar Jitzchak"* oder *„ich bin Uri Jehuda schlita"*, *„ich bin der Schreiber Eschkol der Sofer Nachum"* oder dreimal untereinander notiert *„dies sind die sechs Ordnungen von"* und dergleichen mehr. Diese Eintragungen sind zusammenhanglos kreuz und quer über das Blatt verteilt ohne Datierungen oder sonstige Bezüge und entsprechend auch ohne Hinweis darauf, dass es sich hierbei um Signaturen von Besitzern eines Talmud- oder sonstigen Schriftstücks handelt. Ob dieses Blatt ursprünglich zur Talmudhandschrift gehörte oder aus anderen Quellen stammt, ist reine Spekulation. Die völlig zusammenhanglose, nach allen Seiten gedrehte Anordnung der „Signaturen" macht eher den Anschein eines eher belanglosen Blattes, das von Schülern wahrscheinlich für Schreibübungen benutzt wurde.

Wie bereits erwähnt, gelangte die *Pferseer* Talmud-Handschrift nach allgemeiner Auffassung „um 1800", nach scheinbar genaueren Angaben „vor 1796" in die Bibliothek des Augustiner-Klosters Polling bei Weilheim. Die Umstände sind völlig unklar, jedoch dürfte sich das „präzisere" Datum auf den vorletzten Probst des Kloster, Franziskus Töpsl (1711-1796) beziehen, dem man auf diese Weise wohl den Erwerb zuschreiben wollte. Töpsl war als Sohn eines Kaufmanns in München geboren, trat aber bereits im Alter von 18 Jahren als Mönch in das Kloster ein, wo er 1735 zum Priester geweiht wurde. 1744 wurde er der hauseigenen Überlieferung zum 41. Probst seit dem Jahr 1010 gewählt und behielt diese Funktion bis zu seinem Tod am 12. März 1796. Aus den Nachrufen, die voll des Lobes sind und zahlreiche Errungenschaften des Verstorbenen preisen, jedoch nirgends eine talmudische Handschrift erwähnen, ist zu erfahren, dass Töpsl sich vor allem mit seiner Ordensgeschichte befasste und u.a. mehrere Dutzend Porträts berühmter Augustiner zeichnete, die in den Gängen des Stifts aufgehängt wurden und zudem mehrere Folio-Bände umfassende biographische Skizzen zu ihnen und zahlreiche andere Schriften verfasste. Wie es heißt, sammelte er *„mit ungemeiner Mühe, und mit ungemeinen Kosten von ganz Deutschland, Frankreich, Italien, etc. die Schriften und Thaten aller gelehrten Männer des kanonischen Ordens*“, jedoch auch Münzen und astronomische, pharmazeutische, geographische und sonstige Werke, darunter nun auch solche „in orientalischen Sprachen“. Im Jahre 1784 ließ er im Kloster ein Münzkabinett, fünf Jahre später sogar eine eigene Sternwarte errichten. Es verwundert deshalb nicht, dass auch der bayerische Herzog zu seinen Besuchern gehörte. Albin Schwaiger erwähnt in seinem Nachruf, der „verdienstvolle Patriot“ Töpsl sei mit „kostbarsten Geschenken beehrt“ worden. Einen Monat nach seinem Tod wurde *Johannes Nepomuk Daisenberger* (1752-1820), der 1769 ins Kloster eintrat, zu seinem Nachfolger und folglich letzten Probst von Polling gewählt. Den zeitgenössischen Berichten gemäß hielt man Daisenberger *in allen Belangen* für einen würdigen und befähigten Nachfolger, weshalb wir annehmen können, dass er auch in Bezug auf die Verwaltung der Bibliothek und den weiteren Ausbau der Sammlung Töpsl nicht nachstand.

Wie nun überall zu lesen ist, wurde das Kloster „1803 säkularisiert“, gar abgerissen und der Bibliotheksbestand, der über 88.000 Bände umfasst haben soll nach München gebracht. Tatsächlich wurden nur Teile des Klosters, in welchem zuletzt 36 Priester lebten, abgebrochen und dies keineswegs an einem Tag im Jahre 1803, sondern im Laufe der Jahre und nicht vor 1806, als die weiter bestehende Stiftskirche mit einer neuen Pfarrei versehen wurde. Amtlichen Mitteilungen der „Kurpfalzbaierischen Münchner Staatszeitung“ nach wurde im Mai 1803 zunächst damit begonnen, den eher profanen Besitz des Klosters öffentlich zu versteigern, so etwa *„entbehrliche Pferde, Fohlen, Horn- und Kleinvieh*“, aber auch Möbel, wie Kästen, Tische, Stühle, Betten, Zinn, Kupfer, etc. an die Meistbietenden *gegen Barzahlung* zu veräußern. Manches, sicher wahrscheinlich wegen geringem Wert Unverkäufliches wurde auch an die rund 400 Einwohner des Ortes verschenkt. Weiteren Berichten gemäß blieben auch nach der formellen Säkularisierung immerhin noch vier der früheren Mönche bis zu ihrem Tod in den erhaltenen Gemäuern wohnen, während der letzte Probst Daisenberger nach Walleshausen (bei Landsberg) ging und dort, wo heute nach ihm eine Straße benannt ist, bis zu seinem eigenen Ableben 1820 in der Inkorporationspfarrei als Pfarrer fungierte. Sogar der Bibliothekssaal blieb erhalten und existiert noch heute. Nach aufwendiger Sanierung in den 1970er Jahren wird er heute u.a. für klassische Konzerte benutzt. Über 20.000 Bände des Bibliotheksbestandes wurden, etwa ab 1810 im Laufe der Jahre der Münchner Hofbibliothek einverleibt, weitere 10.000 Bände gelangten zunächst nach Ingolstadt, jedoch wurden stapelweise, als wertlos erachtete Werke weggeworfen oder verbrannt – nicht nur aus heutiger Perspektive ein Frevel. Die Münchner Hofbibliothek wurde – Polling war beileibe nicht die einzige Quelle – in den Jahren nach der Säkularisierung insgesamt mit über einer halben Million Bücher und fast 20.000 Handschriften beglückt. Es ist wie auch immer einleuchtend, dass alleine die Sichtung der Bestände nach wertvolleren und weniger bedeutsam eingestuften Werken wohl einige Jahre in Anspruch genommen hat. Auch deshalb wurde der lange geplante, 1832 begonnene Neubau in der Ludwigstraße erst 1843 fertig gestellt. Wenn man sich nun auch vergegenwärtigt, dass die enorme Anzahl von Büchern und Handschriften systematisiert und logistisch organisiert werden musste, ist es im zeitlichen Kontext nun keine bemerkenswerte Besonderheit mehr, dass die ersten schriftlichen Auseinandersetzungen um die besagte Münchner Handschrift des Talmuds bald darauf vor Ende der 1840er Jahre ansetzen.

Ob sich der in Pfersee befindliche Talmud überhaupt jemals in der Bibliothek des ehemaligen Klosters Polling befand, ist zweifelhaft. Die Möglichkeit eines Verkaufs durch die fromme wie vermögende Führung der Pferseer Gemeinde mangels weiterem „Interesse“

daran oder aus bloßer Geldnot scheidet völlig aus. Bliebe also allenfalls noch die Möglichkeit offen, dass das Werk nicht verkauft, sondern *gestohlen* wurde. Die vielleicht denkbar beste Gelegenheit dazu bot dann wohl die gründliche Durchsuchung der Synagoge, Gemeinderäume, Häuser und Wohnungen der unter falscher Anklage beschuldigten Juden in Pfersee, während die Mitglieder der Gemeinde stundenlang in der Synagoge festsaßen und alle möglichen Unterlagen und *verdächtig aussehende* Bücher beschlagnahmt wurden. Es könnte demnach durchaus sein, dass Ber Ulmos Freude darüber, dass *„dieser Aufwand vergeblich war und sich in unserem Haushalt nichts fand, was sie brauchen konnten*" in gewisser Hinsicht dann doch falsch war. Wie aus dem weiteren Verlauf seiner Schilderung zu ersehen ist, wurden die beschlagnahmten Dokumente und Bücher entweder nach Donauwörth oder nach Günzburg gebracht. Was in Donauwörth ankam und dort damit geschah ist gänzlich unbekannt. Jene Dokumente die in Günzburg landeten wurden jedoch gemäß der Schilderung von Rabbi Ulmo, durch den vom Gericht vereidigten Kantor von Ichenhausen übersetzt. Dessen diesbezügliche Tätigkeit erwähnt er zwar insgesamt immerhin vier mal, merkwürdiger Weise nennt Ber Ulmo aber, anders als etwa Josef Sohn des Ber Heilbronner, der als Koch der Ichenhausener Gemeinde, in Günzburg die Häftlinge mit tauglichem Essen versorgte, kein einziges mal namentlich, obwohl wir davon ausgehen müssen, dass er, der darüberhinaus selbst die Namen von Gefängniswärtern oder nur einmal in Erscheinung tretenden Günzburger Bürgern wiedergibt, dessen Identität ganz sicher kannte.

Wer im Jahre 1804 Kantor und wohl auch Schullehrer der damals mit fast tausend Menschen bevökerungssreichsten jüdischen Gemeinde im österreichischen Schwaben war, ist nun aber gewiss keine Frage des Allgemeinwissens. Denkbar wäre jedoch, dass sich eine im Herbst 2009 am jüdischen Friedhof von Ichenhausen photographierte Grabinschrift einer 1825 verstorbenen Faigele, Frau des geehrten Lehrers Anschel, auf diesen Lehrer bezieht. Da zwanzig Jahre dazwischen liegen und das Todesdatum des Anschel nicht bekannt ist und zudem noch weitere Grabstein-Inschriften nicht minder berechtigt in Betracht kämen, ist es klar, dass es sich hier nur um eine bloße Spekulation handelt. Belassen wir es also dabei, dass Ber Ulmo seine Gründe gehabt haben mag, den Namen des Ichenhausener Kantors, der in Günzburg als vereidigter Übersetzer des Obersten Gerichts der österreichischen Markgrafschaft Burgau damit beauftragt war, die beschlagnahmten Bücher und Dokumente durchzusehen und bei Bedarf zu übersetzen, *trotz besserem Wissens* nicht zu nennen.

Dies muss übrigens nicht heißen, dass er diesen irgendeiner Tat oder gar des Diebstahls des Talmuds – den Ber Ulmo in seiner Schrift überhaupt nicht erwähnt – beschuldigte. Eigenartig bleibt es jedoch, da er selbst den Denunzianten, wegen dem er monatelang unschuldig in Haft saß namentlich erwähnt, wenngleich auch mit dem Zusatz, dass dessen Name und Andenken ausgelöscht seien. Gut denkbar, dass Ber Ulmo diesbezüglich einen Argwohn hatte, aber keine weiter Erkenntnisse. Da er gewiss selbst kein Verleumder sein konnte und wollte, war es ihm freilich nicht möglich einen unbewiesenen Verdacht auszuprechen. Auch der Verfasser dieser Zeilen beabsichtigt keineswegs auf diesem Terrain weiter vorzuschreiten als der verehrte Pferseer Gelehrte.

Wie auch immer, es ist nun keineswegs unwahrscheinlich, dass der in den 1750er Jahren durch Natanael Weil und Chaim Asulai in Pfersee bezeugte handschriftliche Talmud just in jener Zeit, also im September 1803 durch bewussten Diebstahl oder irrtümliche Konfiszierung die bisherigen Besitzer in Pfersee verließ und entweder nach Günzburg oder Donauwörth gelangte. Dort ging die Handschrift entweder gänzlich verloren oder sie wandelte sich unter diesem und jenem Umstand zur heute in München bekannten Handschrift. Die wissenschaftlichere Position wäre dem Vernehmen nach von letzterem auszugehen.

Ausgabe der „Pferseer Handschrift", herausgegeben vom Moritz Altschuler und erschienen im Leipziger Lumen-Verlag. Man beachte im Emblem unten die beiden Hakenkreuze.

<u>Glossar:</u>

Bender-Regiment = 41. Österreichisches Infanterieregimet

Kugel = traditioneller jüdischer würziger Nudelauflauf

Mussaf = Zusatzgebet am Schabbes oder Festtagen

Mincha = mittleres der drei täglichen Gebete: Schachrit (morgens), Mincha (nachmittags), Ma'ariv (abends)

Motzi Schabbat = Samstag-Abend nach Schabbes

Nela-Gebet = Am Ende des Versöhnungstags

Schammes = Gemeindediener

Versöhnungstag = nach dem wöchentlichen Schabbes höchster Feiertag im Judentum mit 25 Stunden Fasten und zahlreichen Gebeten, am zehnten Tag nach dem Neujahrsfest (Ende September/Anfang Oktober)

Etrog = Zitrusfrucht (*citrus medica*), der Überlieferung gemäß die Frucht vom Baum der Erkenntnis aus dem Garten Eden; Bestandteil des Feststraußes für das Laubhüttenfest; über die Aussprache des persischen „etransch" leitet sich davon „Orange" davon ab.

Lulav = Palmzweig, namensgebender Bestandteil des Lulav-Feststraußes für das Laubhüttenfest, zusammen mit Zweigen der Myrte, der Bachweiden und dem Etrog.

Register von Personen die zu einzelnen Orten im Bericht des Ber Ulmo erwähnt sind

Pfersee:

Bing, Abraham, Pfersee

Maischberger, Bürgermeister Pfersee

Ulmo, Ber Bernhard, Vorsitzender der Gemeinde Pfersee, 1751-1837, ab 1781 Vorsitzender der Gemeinde Pfersee, wohnte dort neben der Synagoge in der Leitershofer Straße 14

Ulmo, Löw, Pfersee, Vorstand der Gemeinde, Jehuda Löw, ca. 1730-1805, Leitershofer Str. 12

Kriegshaber:

Bachmann, Seligman, Kriegshaber, gest. 24.01.1841, Ulmer Str. 216, 196, (ab 1810: 209)

Bachmann, Samson, Kriegshaber, Ulmer Str. 218

Binswanger, Samson, Kriegshaber, Ulmer Str. 194

Kaula, Veitel, Kriegshaber, Vorstand, 1764-1811, Ulmer Str. 192, hernach Bankier in Augsburg, 2. Sohn von Madame Kaula und Akiva Auerbacher, verh. mit Blümle Goldschmidt aus Kriegshaber, kurtrierischer Hofagent

Kreppschuster, Christ aus Kriegshaber

Leser, wohl: Elieser, Synagogendiener, Kriegshaber

Levi, Lipmann, Kriegshaber

Muck, Polizeimeister von Kriegshaber

Obermayer, Jakob, Kriegshaber, Vorstand, 1755-1828, Ulmer 189, 205, 209, hernach Bankier in Augsburg mit Wohnhaus am Obstmarkt

Seligman, Sohn von Samuel Seligman aus Steppach, in Kriegshaber lebend

Ulman, Henoch ben Efraim, „Henle“, Kriegshaber, Bankier in Augsburg, gest. 11.02.1807

Ulman, Seligmann, Bruder des Löb Steppach, Mann der Tölzele. Ulmer 218

Ulman, Tölzele, Schwägerin des Löb Steppach in Kriegshaber, Frau des Seligman, Ulmer 218

Wallerstein, Simon, Kriegshaber, Ulmer 214

Steppach:

Baruch, Isaak, auch: Seckel Steppach, Schatzmeister der Gemeinde Steppach

Etroga, Rafael ben Uri, Steppach

Hirsch, Lemech aus Steppach

Hirsch, Mendel, Sohn des Lemech, Steppach

Hürben, David aus Steppach

Kohn, Isaak Löw, Kantor Rabbi, Steppach, gest. 13.08.1829

Landauer, Salomon Steppach

Levi, Maier Hürben, in Steppach, Schwiegersohn von Schatzmeister Isaak Baruch

Levi, Hendle, Frau des Isaak Levi, Steppach

Levi, Hessel, Steppach

Levi, Isaak Steppach, Schwager von Chaim Springer und Löb

Mayer, Josef, Jossel, aus Frankenthal, verhaftet in Steppach

Springer, Chaim, Heinrich, Schwager von Löb Steppach gest. 1855, 03-22 h268, Großhändler, und Kultusvorstand der Steppacher Gemeinde. Bei seiner Beerdigung wurde ihm vom Rabbiner aus Kriegshaber eine Grabrede verweigert, weil diese nicht im Voraus bezahlt wurde, wie das Augsburger Tagblatt am 30. Sept. 1855 wohl zurecht kritisiert. Die trauernde Witwe Kela, Schwester des Löb Steppach hatte dies offenbar im Vorfeld vergessen.

Springer, Kela, Frau des Chaim Springer und Schwester des Löb Steppach

Ulman, Löb, „Löb Steppach", geb. ca. 1782, der Denunziant, auch Leopold Ulman, Leopold Steppach, Sohn von Samuel Ulmo Steppach, konvertierte 1823 als Philip Maria Monti in Italien zum Katholizismus, 1831 wurde in Augsburg gegen ihn wegen Betrugsvorwürfen ermittelt, trat auch als Ignatz Maria Monti auf.

Ulman, Samuel Ulmo Steppach, Vater von Löb Ulman Steppach

Donauwörth:

Buttenheim, Mordechai, Fürth, verhaftet in Donauwörth

Macneven, Wilhelm Hugo Freiherr von, Kommissar in Donauwörth

Prager, Samuel, Fürth, verhaftet in Donauwörth

Roschmann, Kommissar in Donauwörth oder Günzburg

Günzburg:

Edelmann, Torwächter Stadtturm

DeVille, Hauptmann von der Wache in den Baracken, Günzburg

Gram, Johann Christoph, Oberamtsrat, Gerichtsrat aus Rothenburg, Kommissar in Günzburg, später Richter in Ulm

Grasser, Dr. Gerichtsarzt in Günzburg

Hildel, Sekretär, Günzburg

Kohlmann, Bürger von Günzburg

Kolat, Regierungsrat, Günzburg

Koller, Richter in Günzburg

Kosel, Kaspar, Wärter in Günzburg

Kugler, Bürger von Günzburg

Schiel, Bezirksschreiber, Günzburg

Osterberg, Anselm Freiherr von, Kommissar in Günzburg

Rossmann, Kommissar in Donauwörth oder Günzburg

Schore, Torwächter Kuhturm (Schore ist eine mundartliche Form von Georg)

Veh, Polizist in Günzburg, am Kuhturm

von Welden, Magistrat Günzburg

Wittmann, Gerichtsschreiber, Günzburg

Ichenhausen:

Heilbronner, Josef, Jossel ben Ber Heilbronner, Koch aus Ichenhausen

Mayer, Josef Josel aus Ichenhausen, inhaftiert in Günzburg

Kantor von Ichenhausen, namentlich nicht genannt, vom Günzburger Gericht als Übersetzer der beschlagnahmten hebräischen Dokumente vereidigt

Illereichen:

Eder, Abraham ben Josef, Rabbiner Illereichen = R. Abraham Mayer, 1767-1837, 40 Jahre Rabbiner, auch als Schriftsteller bekannt, zudem Rabbiner in Osterberg, auch Abraham Josef

Eder, Josef, Rabbiner, Illereichen, Vater von Abraham Eder, = R. Josef Mayer (ca. 1740-1810)

<u>Binswangen:</u>

Löb, Henoch Henle Löb, Vorstand der jüdischen Gemeinde Binswangen

Kronheimer, Isaak und Mendel, die Kronemer Jungs, wohnten bei Henoch Löb in Binswangen

<u>Hürben:</u>

Landauer, Israel, Hürben

Landauer, Rafael, Hürben, Sohn des Israel

Kolb, Magistrat in Hürben

<u>Ellwangen:</u>

Deggingen, Laser, in Ellwangen verhafteter Hausierer unbekannter Herkunft

Rosenmacher, Moses, in Ellwangen verhafteter Hausierer unbekannter Herkunft

<u>sonstige:</u>

Hechinger, Aaron

Hoscher, Johann Melchior (1764-1809), Stadtgerichtsrat und Konsulent Augsburg

Kaula, (1739-1809), eigentlich *Chala Auerbach*, bestens bekannt als „Madame Kaula“, Hechingen und Stuttgart, Tochter von Isaak Rafael, Gattin des Akiva Auerbach, Pferdehändlerin, Armeelieferantin, Württembergische Hofbankierin, Mutter von Veitel Kaula aus Kriegshaber

Kaula, Jakob ben Rafael, 1750-1810, Bruder von Madame Kaula, der ihren populären Rufnamen annahm, Rabbiner Diplom bei Hesekiel Landau in Prag, Gründer einer Jeschiwa in Hechingen, sowie eines Hospitals für Arme und Kranke, im Zuge der napoleonischen Kriege wurde Kaula zum K.K. Rat

Quellenangaben:

Jacobs, Philip Walker – *The Life and Photography of Doris Ulmann*, Lexington, University Press of Kentucky 2001

Kießling, Rolf – *Judengemeinden in Schwaben im Kontext des Alten Reiches*, Berlin 1995

Lebrecht, Fürchtegott – *Handschriften und erste Ausgaben des Babylonischen Talmuds*, Berlin 1862

Libo, Kenneth und Feldberg, Michael – *The Obermayers: A History of a Jewish Family in Germany and America, 1618 – 2009*, West Newton, 2009

Litten. Freddy – Richard Willstätter, Kurzbiographie, http://litten.de/fulltext/willst.htm

מגילת בער אולמא, עותק כתב יד [ירושלים, פרטי]

Merkl, Franz Josef – *„Der Augsburger Bankier Carl von Obermayer (1811-1889) als Militärreformer“* in: Geschichte und Kultur der Juden in Schwaben III „Zwischen Distanz und Nähe“, Peter Fassl (Hrsg.), Augsburg 2007

„Nicht Stadt, nicht Dorf – Leben und Arbeiten in Pfersee“, Geschichtswerkstatt Augsburg e.V., 1994

Parke-Bernet Galeries, New York – *Incunabula and early printed books, many with woodcut illustrations - the notable collection of the late Carl J. Ulmann, New York, sold by order of his family,* Catalogue 1336, 84 p., auction sale date: April 15-16, 1952, New York 1952

Pfersee – 75 Jahre bei Augsburg, Geschichte eines Stadtteils, Arbeitsgemeinschaft Pferseer Vereine und Organisationen, 1986

Rybár, Ctibor – *Das jüdische Prag, Denkwürdigkeiten*, Prag 1991

Shenef, Yehuda – *"When even Cedars fall in Flames" – some explanatory notes on history and remnants of the Medieval Jewish Cemetery of Augsburg called "Judenkirchhof"*, 2006/2011, online: http://www.alemannia-judaica.de/images/Images%20316/The%20Augsburg%20Judenkirchhof.pdf

Shenef, Yehuda – *Alphabetical and Spatial Burial Registers of Jewish Cemetery Kriegshaber* (Pfersee), 2011, online: http://www.alemannia-judaica.de/kriegshaber_friedhof.htm

Steppach bei Augsburg – Beiträge zur Ortsgeschichte, Gemeinde Steppach, 1978 (hieraus entnommen sind die Unterschriften von *Chaim Springer* und *Isaak Levi*)

Straus, Raphael – *Regensburg and Augsburg*, Philadelphia 1939

תולדות יהודים במדינת שואבן (לא פורסם)

Ulman, Carl J. - *Chronicle of Ber Bernhard Ullmann 1803*, translation by Carl J. Ulmann, New York 1928

Willstätter, Richard – *Aus meinem Leben*, Weinheim 1949

Sowie *zahlreiche*, jedoch bereits im Text angegebene Artikel aus zeitgenössischen Zeitungen (u.a. ermittelt mit *Google Books*).

Die Abbildung des früheren, 1966 abgebrochenen „Bären Hotel" am ehemaligen Marktplatz 20 in Günzburg, auf Seite 74 unten, ist aus dem Buch „Verlorene Zeitzeugen" von Ulrich Meyer, Historischer Verein Günzburg, 1991, entnommen.

Tage des Gerichts

Kokavim Verlag, 86316 Friedberg

1. Auflage 2012

Umschlag: Sabine Karl, Augsburg

Umschlagmotiv: die israelischen Stämme Dan und Levi nach der Darstellung in der Synagoge Augsburg durch Fritz Lömpl, illustriert von Chana Tausendfels, Augsburg

Druck und Herstellung: SOL-Service GmbH, 862529 Schrobenhausen

Printed in Germany

ISBN 978-3-944092-00-3

http//kokavim.wordpress.com